全国教育科学"十三五"规划教育部重点课
中部高校人才软环境构建研究（课题批

U0514509

"双一流"建设背景下 中部高校 人才软环境构建研究

—— 边疆 吕保华 著 ——

中国财经出版传媒集团
经济科学出版社
Economic Science Press
·北 京·

图书在版编目（CIP）数据

"双一流"建设背景下中部高校人才软环境构建研究/
边疆，吕保华著．－－北京：经济科学出版社，2025.4
ISBN 978 - 7 - 5218 - 3962 - 3

Ⅰ.①双… Ⅱ.①边…②吕… Ⅲ.①高等学校 - 人
才培养 - 研究 - 中国 Ⅳ.①G640

中国版本图书馆 CIP 数据核字（2022）第 156363 号

责任编辑：撖晓宇
责任校对：王京宁
责任印制：范　艳

"双一流"建设背景下中部高校人才软环境构建研究
边　疆　吕保华　著
经济科学出版社出版、发行　新华书店经销
社址：北京市海淀区阜成路甲 28 号　邮编：100142
总编部电话：010 - 88191217　发行部电话：010 - 88191522
网址：www. esp. com. cn
电子邮箱：esp@ esp. com. cn
天猫网店：经济科学出版社旗舰店
网址：http：//jjkxcbs. tmall. com
北京季蜂印刷有限公司印装
710 × 1000　16 开　11.25 印张　200000 字
2025 年 4 月第 1 版　2025 年 4 月第 1 次印刷
ISBN 978 - 7 - 5218 - 3962 - 3　定价：46.00 元
（图书出现印装问题，本社负责调换。电话：010 - 88191545）
（版权所有　侵权必究　打击盗版　举报热线：010 - 88191661
QQ：2242791300　营销中心电话：010 - 88191537
电子邮箱：dbts@ esp. com. cn）

课题组成员

边　疆　　吕保华　　胡昌龙
张秋硕　　司志莲　　刘宝林

目 录
CONTENTS

导　　论

　　高校人才，特别是高层次人才，是高校最重要的资源，人才的占有率是高校地位得以树立和维持的基本支撑。中共中央、国务院于 2010 年颁布的《国家中长期人才发展规划纲要》(2010～2020 年)，明确提出"人才是我国经济社会发展的第一资源"。2015 年 8 月，中央全面深化改革小组审议通过《统筹推进世界一流大学和一流学科建设总体方案》明确提出"人才培养""师资队伍建设"等五个方面的重点建设任务。高等职业教育作为我国高等教育的重要组成部分，对高素质技术技能人才的需求日益迫切，2019 年，教育部、财政部正式启动中国特色高水平高职学校和专业建设计划（以下简称"双高计划"，又称高职双一流），其核心目的在于打造职业教育领域的标杆，推动全国职业院校在师资队伍建设、产教融合深化等方面取得显著进展。因此，加快高校人才队伍建设，构建和谐的高校环境，改善高校内部的环境，建立健康、有序、稳定的人才环境，不仅是吸引、聚集人才的重要手段，也是人才强国、人才强校战略的重要组成部分。高校环境包含软硬两个方面。坚实的硬环境，是高校实力的见证之一，是高校长远发展的必要保障；良好的软环境，是高校留住人才、使用人才和发展人才的重要因素。

　　对于高校软环境建设，教育方面的学者及管理类专家从不同视角提出了分析和对策，但尚未形成体系化理论。对于软环境建设的组织领导和后勤保障，以及制度改革、人才特区平台的搭建方面，仍然需要进一步探索研究，而中部高校的针对性建议略显

1

薄弱，针对性不强。

第一，在"双一流"大学建设与高校人才建设方面，关于"双一流"大学建设的内涵，诸多学者从不同角度给予了解读，"双一流"建设的政策导向是"扶优扶强"，主攻方向是提高质量、内涵发展，政策目标是大学以及学科发展的"百舸争流"。大学发展模式由政府选择向大学竞争性发展转变（马廷奇，2016；周光礼2016；），人才师资队伍建设是"双一流"建设的重中之重，"双一流"建设提倡大学建设不再唯出身论，打破"985"和"211"高校的资源垄断，对其他非"985"和"211"的高水平大学既是机遇，更是挑战（蔡袁强，2016；王钱永，2016）。

第二，在高校软环境内涵和概念的研究方面，学者提出了诸多不同观点，但多数观点认为，软环境指学校的理念宗旨、政策制度、学术氛围等趋向精神层面的内容，具有灵活性，对人才也更具有吸引力；大学一流的软环境包括三个方面的内容，一是科学、进步、现代的教育观念；二是科学的大学制度和民主的大学管理模式；三是积极向上的行为方式、健康和谐的校园文化和校园风貌（陈文博，2002；王铁英，2011；骆腾，2006）。

第三，中部高校人才工作的特点分析。中部高校人才引进面临三个方面的困难：一是经济发展不平衡，多数高校财力紧张，办学自有资源匮乏，缺乏吸引海外人才、稳定人才的硬环境；二是引进海外人才的渠道较少；三是人才管理机制落后（冯航，2011；刘融斌，2007）。有学者对武汉7所部属院校：武汉大学、华中科技大学、中南财经政法大学、武汉理工大学、华中师范大学、华中农业大学和中国地质大学教师流失现象进行调研，结果显示因为收入上明显的差距，人才呈现单向性流动，流动的教师大多乐于流向东部（含北京）（占70.5%）（胡建林，2006；周凌，2009；周绍森，2009）。

第四，关于如何进行高校软环境建设方面的研究。有学者从观念更新、组织领导和深化改革三个方面对于软环境建设进行了探讨（孙富疆，2007）。有学者则着重强调要通过制度创新，创造良好的学术发展环境，完善人才激励和竞争机制等（程勉中，2005），指出人才软环境建设一定要重视人性化和国际化（苏志加，2006）。

本书相对已有研究的独到学术价值和应用价值：本书着眼于国家"双一流"大学建设的宏观背景及人才强校战略的核心要求，将中部高校人才软环境的完善视为关键突破口，致力于构建和优化科教软环境，为人才强校战略提供坚实支撑，服务高校发展大局，进一步提升高校的综合实力。理想的软环境涵盖着积极向上的工作氛围、融洽和谐的人际关系、科学完善的人才政策、民主开放的管理模式等诸多方面。唯有坚定实施"人才强校"战略，打造科学高效的高校软环境，更新高校改革思维，构建科学的人才选拔与激励机制，并辅以先进的制度保障，方能打造出一支结构完善、层次合理、富有创新精神、素质过硬的高校人才队伍，从而有力推动高校的持续发展与进步。

在高校改革与加速发展的进程中，成绩固然显著，但由此产生的系列问题亦不容忽视。在人才队伍结构层面，高校管理队伍正经历着新老交替的过渡阶段，缺乏顺畅的过渡机制，且领军型学术人才稀缺；在人才培养模式上，仍存在重知识轻能力、能上不能下、近亲繁殖等固有问题；在产出效果方面，高校对社会进步与科技发展的贡献率和影响力尚显不足，人才培养与社会需求之间缺乏有效对接，尚未找到最佳契合点。面对这些挑战，我们必须深入思考并寻找解决方案，以确保高校能够健康、可持续地发展。中部高校的人才工作除了具有高校人才工作的共有特点外，还具有人才流失现象严重，海外人才引进渠道贫乏等不利因素。尤其是中部高校相对于"北上广"及沿海发达地区高校，经济发展实力不足，办学经费相对缺乏，在人才工作中一味地拼薪酬待遇等硬实力，显然处于劣势。因此，高校特别是中部高校必须充分利用国家政策，加快校内软环境建设，使其在高校人才队伍建设上发挥更大的作用，更好地培养人才，尤其要把引育及稳定高校人才队伍作为一项重要战略任务来抓，完成人才强校的战略使命。

本书的研究对象是中部高校的人才软环境构建，在此需要特别声明的是本书的研究并非对人才软环境的泛泛而谈，而是要充分考虑当前世界"双一流"建设的背景和中部高校的独有特点，只有对此背景的深入认识和与时俱进，并结合中部高校在人才引进方面的优劣分析，才能使中部高校的人才软环境构建有的放矢。

本书的总体框架主要由四部分组成：

一是"双一流"建设背景下的高校人才队伍建设。"双一流"大学建设的首要任务就是一流的人才师资队伍的建设，其百舸争流的政策目标、鼓励竞争的政策特征对不同学校提出了不同的要求，要立足学校行业特色，坚持以绩效为杠杆、以改革为动力，以人才师资队伍水平的提升来促进学校办学水平的提升。

二是人才软环境内涵及其对于人才队伍建设的重要意义。软环境建设的价值共识：每一个互为外部环境的个体共同创造一个和谐的整体；软环境建设的制度文化：尊重高校教师职业的特殊性、学术性和自主性发展规律；软环境建设的人才效应：凝聚人才的是软环境而不仅仅是物质待遇。

三是中部高校人才工作特点分析。中部地区社会、经济发展滞后，工作条件和生活环境较差，高层次人才引进难、留住更难。高层次人才的流失较为严重，特别是学科带头人和学术骨干在人才竞争中处于相对劣势。

四是中部高校人才软环境构建。形成价值共识，打造制度文化，创设高层次人才的"人才特区"，打造优质引才平台，形成对京沪高校和经济发达地区高校的相对优势；以改革为动力，创新管理模式，突破制约机制体制。

本书的重点难点在于：如何应对人才竞争的白热化；中部高

校如何克服在区域、政策扶持、物质条件各方面的劣势；在人才软环境的构建方面，中部高校如何在相对于东部和沿海地区高校经济和区位弱势的条件下有所突破和创新，形成自己的独特优势。

本书将不拘囿于对人才软环境建设某一单一方面的研究，而是通过明确内涵界定对人才软环境进行针对性和系统化的研究。同时，通过对中部高校的实证分析和调研，针对中部高校的人才工作特点提出构建软环境的具体建议，使研究更具针对性和实践意义，为高校特别是中部高校的人才软环境构建提供参考。

研究技术路线见图 0－1。

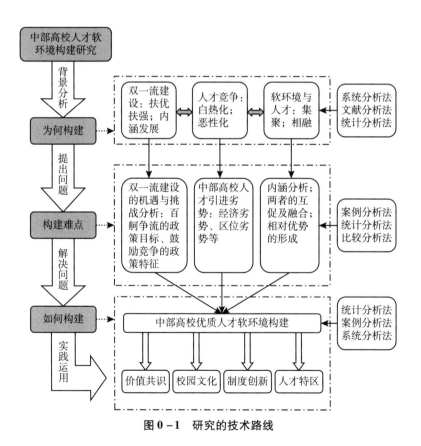

图 0－1　研究的技术路线

本书的研究思路如下：首先通过系统分析法和文献研究法界定高校软环境内涵，指出在当前"双一流"大学建设形势下加强高校特别是中部高校软环境建设的重要性和必要性，然后通过实证调研和类比研究分析中部高校在人才工作和软环境建设中存在的问题，并深刻剖析这些问题，在梳理问题、分析原因的基础上，结合中部高校的特点，提出优化中部高校软环境建设的针对性对策选择，如形成价值共识、加强校园文化建设、加强有利于人才发展的制度创新、设立人才特区等有益尝试。

本书的研究方法共有五种：

一是文献分析法。通过网络搜集了大量关于人才强校战略的资料，这些资料涵盖了战略提出的背景、实施过程以及取得的成效等多个方面。同时，课题组查阅了大量的期刊和报纸，特别是那些关注高校软环境建设和人才队伍建设的文章，这些文章提供了宝贵的观点和见解。此外，还深入解读了相关的政策文献，这些文献为理解高校软环境建设的政策导向和实施细节提供了重要参考。通过对这些资料的整理和分析，总结出了我国高校软环境建设的现状以及存在的问题。特别是在中部地区的高校中，软环境建设的问题尤为突出，如政策支持不足、人才流失严重、文化氛围不浓等。这些问题的存在不仅制约了高校的发展，也影响了人才的培养和引进。

二是系统分析法。对国内外诸多高校的软环境建设进行了系统的研究，从平台搭建、制度建设，文化价值认同等方面进行了系统全面的分析，形成了本书的研究思路以及可供借鉴的理论和实施方法，提出了适合中部高校发展的软环境建设方案。

三是统计分析法。本书已初步对中部部分高校的人才引进政策、校内重大人才工程、人才考评制度及管理制度进行了调研，通过统计分析找出其中有利于高校人才软环境建设的制度、文化因素。后期还将通过调研、访谈等方式了解各类人才对于高校软环境建设的意见，从中为探索中部高校软环境建设做出有益尝试。

四是比较分析法。在认真总结国内外现有的高校人才队伍软环境建设实践经验的基础上，通过比较分析，总结出中部高校软环境建设普遍存在的问题，并研究可以适用于中部高校发展的软环境建设的模式和发展方向。

五是案例分析法。以中部高校集中（特别是武汉、长沙等地高校比较集中）的城市为依托，通过调研，对相关高校进行个案研究，从特殊性中找到普遍性。

本书针对我国中部高校软环境资源配置的建设问题，提出特有的结论和建设性的意见，并以此促进高校人力资源管理水平和人才队伍素质的提高以及高校办学水平和效益的提升，最终促进和谐高校的建设。

本书在学术思想、学术观点、研究方法等方面有一定的创新。

第一，本书融合管理学、教育学和系统论的理论和观点，对高校人才软环境进行系统整体的研究和分析，寻求建设的合理途径。

第二，通过对比中部高校和发达地区高校的人才工作特点，提出更贴合中部高校特点的针对性的意见和建议，如设立人才特区、对高层次人才柔性引进、单独考核等。

第三，学界对"双一流"建设和高校人才队伍建设研究较多，但较少将两者结合进行深入研究，本书从高校软环境构建入手，结合当前"双一流"建设大背景，构建中部高校引才平台。

背 景 分 析

第一节　"双一流"建设背景及内涵

一、"双一流"建设背景及现状：两轮建设的情况

（一）"双一流"建设提出的背景

"建设世界一流大学和一流学科，是党中央、国务院作出的重大战略决策，对于提升我国教育发展水平、增强国家核心竞争力、奠定长远发展基础，具有十分重要的意义。"①"双一流"建设战略的提出，是国家政治、经济发展的需要，更是国家高等教育发展到特定阶段的历史选择，是中国大学冲向世界前列的里程碑。

1. 是高等教育发展的必然选择

从新中国成立伊始，国家就高度重视高等教育的发展。20世纪 50 年代的大规模院系调整，以"培养工业建设人才和师

---

① 《国务院关于印发统筹推进世界一流大学和一流学科建设总体方案的通知》，2015 年。

资为重点，发展专门学院，整顿和加强综合大学的方针"为原则。使得我国的高校数量大幅增加，同时区域分布更为合理，理工类专业得到了大幅发展，但专业划分过细、重理轻文使得人文社会科学的办学实力被大大削弱。这次调整奠定了中国高等教育的基本格局。到了20世纪90年代，我国的高等教育办学模式再次转向，通过高校合并，实现我国高等教育管理体制改革和布局结构调整，以完善大学的综合性。这次调整以后，部分高校合并；产生一批若干学院合并而成的新大学；很多专门学院更名为大学，并将内部科系扩建为学院。不难看出，这两次我国高等教育史上的大调整，都是以政府为主导，以配合国家生产建设人才培养为目标，通过学习模仿，在借鉴别国经验的同时，立足中国实际，注重中国特色的发展。在赶超的过程中逐渐总结出丰富的发展经验。但目前来看，与国际一流大学仍存在不小的差距。我国的高等教育如何真正实现突破，何时能有一大批中国大学真正进入国际一流行列，是摆在面前的重大难题。而"双一流"建设正是在此刻应运而生，是我国高等教育发展的现实选择，为今后高等发展指明了正确的方向和路径。

2. 对国家高等教育发展目标的历史校正

1995年11月，中国正式启动了"211工程"，这一面向21世纪的宏大计划，旨在重点扶持约100所高等学府及一批重点学科的建设。尽管当时并未明确提及，但其核心目标便是培育出数所具备世界顶尖水准的一流大学。1999年，我们又迎来了"985工程"的启动。而在2008年，国家中长期教育改革和发展规划纲要中明确指出，至2020年，中国需有若干所大学达到或逼近世界一流水平。至2011年12月20日，时任教育部部长袁贵仁在全国人大常委会的一次会议上表示，"211"和"985"工程的规模已趋稳定，不再增设新校。为了更加注重学科导向，并引入竞争机制，政府开始对那些非"985"和非"211"学校中特色和优势明显的学科给予特殊支持。自这些工程及项目实施以来，我国秉持"集中优势资源、率先取得突破、带动整体发展"的战略思维，重点高校和学科的建设取得了举世瞩目的成就，国际地位不断提升，为"双一流"建设奠定了坚实的基础。然而，从整体上看，我们与世界一流水平之间仍存在明显的差距。2014 年 5 月 4 日，习近平总书记在北京大学座谈会上明确指出，建设世界一流大学的目标必须坚定不移。① 而"双一流"的提出，实际上是对一流大学发展目标的进一步细化和强化，使得未来的方向更加明确。我们要以一流大学为最终目标，以一流学科的建设为基础，从重点学科的建设开始，不断积累力量，创造条件，推动更多高水平大学和学科跻身世界一流行列，进而使我国高等教育达到世界领先的水平。

3. 契合高等教育发展目标

我国高等教育呈现多元化的发展现状，反映和呈现了经济社会发展的多元化格局。原有高校的身份壁垒不利于不同层次、不同类型的高校参与到"争一流"的竞争中来，而"双一流"建设战略的提出则打破了这种壁垒。② 特别是引导高等院校结合自身的特点和地域特色，设立不同阶段的发展定位，激发不同类型高校的积极性和教学科研活力，促进国内高校呈现特色化、多元化发展态势。高等教育除了高校类型、层次的多元化，还包括人才培养，人才评价机制及高等教育投入的多元化，内涵非常丰富。《统筹推进世界一流大学和一流学科建设总体方案》就提

① 习近平在北京大学师生座谈会上的讲话［EB/OL］. 中国政府网，2014 – 05 – 05，http：//www. gov. cn/xinwen/2014 – 05/05/content_2671258. htm.

② 朱秀林. 以改革为动力以服务为导向加快推进中国地方高校一流大学建设步伐［EB/OL］. http：//www. moe. edu. cn/jyb_xwfb/moe_2082/zl_2015n. /2015_zl53/201511/t20151104_217645. html.

到，强化绩效评价，考虑不同高校学科特色、办学水平，引入第三方评价机制。"建设"双一流"是一项非常艰巨而又长期的任务，需要政府、社会、学校各方的共同努力，完善共建机制，形成多方投入、合力建设的格局。"①

（二）"双一流"建设的现状

2015 年 8 月，中央全面深化改革委员会审议通过《统筹推进世界一流大学和一流学科建设总体方案》对新时期高等教育重点建设作出新部署。2017 年 1 月，《统筹推进世界一流大学和一流学科建设实施办法（暂行）》印发；同年 9 月，教育部等印发《关于公布世界一流大学和一流学科建设高校及建设学科名单的通知》。一系列重要文件对新时期高等教育重点建设作出新部署，并公布"双一流"建设高校及建设学科名单，在国内高等教育界引起较大反响。

1. 国家一流大学与一流学科建设高校的地域分析

中国高等教育发展经历了"211"工程、"985"工程到"双一流"建设的过程，一流大学主要从"985 工程"建设高校进行遴选，这些学校不仅拥有悠久的办学历史、优良的师资队伍、完备的办学条件，而且拥有与国际接轨的科研水平和一流的学科建设。一流学科建设高校主要是根据"211 工程"建设高校进行遴选。这既体现了国家高等教育公共政策的连续性，也体现了根据世情、国情据实调整的灵活性。从效率与公平的角度，一流大学在北京的集中度不是很高，但是一流学科建设高校在北京集中度较高。国家一流大学建设高校和一流学科建设高校的分省数量见表 1 - 1。从发展历程看，一流大学在"985"高校基础上新增新疆大学、云南大学和郑州大学 3 所高

---

① 《国务院关于印发统筹推进世界一流大学和一流学科建设总体方案的通知》。

校；在"211"高校基础上，一流学科建设高校在江苏、四川和浙江省明显增加。从空间上看，一流大学主要分布在北京、上海和陕西，尤以北京最为集中。北京和上海分别是我国的行政中心和经济中心，陕西是我国西北门户，一流大学的建设不仅反映了国际背景下我国高等教育发展水平，也凸显了我国高等教育办学的结构性矛盾。已有研究表明，我国高等教育的结构性矛盾主要体现为学科专业的结构性矛盾和教育资源分配的结构性矛盾[①]。一流学科建设高校分布数量最多的省份是北京、上海和江苏，其次是陕西、四川和湖北。不管是一流大学还是一流学科建设高校，北京和上海在全国均具有绝对优势。北京集政治、经济和文化为一体，其一流学科建设数量分布最多；上海和江苏地处长三角经济区，是我国国际贸易的重要区域，虽然江苏在一流大学建设方面不具明显优势，但在一流学科建设方面优势明显。一流大学和一流学科建设是面向国家重大需求、面向世界、面向未来的高等教育发展战略，长三角沿海地区（沪、苏、浙）和北部沿海地区（京、津、冀、鲁）均为我国经济发展的引擎。基于此，人才优势、资金保障和经济发展，为一流大学和一流学科建设提供了基础保障。而由于中部和西部经济发展落后，人才引进能力、区位条件、经济发展明显弱于长三角沿海地区和北部沿海地区，其学科建设和大学发展面临诸多困境和瓶颈，即使武汉和西安这样的教育强市在高等教育方面呈现出单体优势，但总体来看，全国世界一流大学与一流学科建设高校的空间分布与国家政治、经济、文化的区位优势有着必然的联系。

---

① 李洋、余克勤、季景玉等：《中国高等教育管理机制创新：以"双一流"建设方案为视角》，载《江苏高教》2018 年第 12 期。

表 1-1　国内各建设类型高校区域分布数量统计

类型		学校类型	数量	学校名称	一流大学总数
北部沿海地区	北京	一流大学	34	北京大学、清华大学、中国科学院大学、中国人民大学、北京协和医学院、北京航空航天大学、北京理工大学、中国农业大学、中央民族大学、中央财经大学、对外经济贸易大学、北京邮电大学、北京外国语大学、北京交通大学、中国政法大学、北京科技大学、中国传媒大学、北京工业大学、北京化工大学、北京林业大学、华北电力大学（北京）、中央音乐学院、首都师范大学、北京中医药大学、中国地质大学（北京）、中国矿业大学（北京）、中国石油大学（北京）、北京体育大学、中国人民公安大学、外交学院、中央美术学院、中央戏剧学院、中国音乐学院	43
		985	10	北京大学、清华大学、中国科学院大学、中国人民大学、北京协和医学院、北京航空航天大学、北京理工大学、中国农业大学、中央民族大学	
		211	18	中央财经大学、对外经济贸易大学、北京邮电大学、北京外国语大学、北京交通大学、中国政法大学、北京科技大学、中国传媒大学、北京工业大学、北京化工大学、北京林业大学、华北电力大学（北京）、中央音乐学院、中国地质大学（北京）、中国矿业大学（北京）、中国石油大学（北京）、北京中医药大学、北京体育大学	
	天津	一流大学	5	南开大学、天津大学、天津医科大学、天津工业大学、天津中医药大学	
		985	2	南开大学、天津大学	
		211	1	天津医科大学	

续表

类型		学校类型	数量	学校名称	一流大学总数
北部沿海地区	山东	一流大学		山东大学、中国海洋大学、中国石油大学（华东）	43
		985	3	山东大学、中国海洋大学	
		211	2	中国石油大学（华东）	
	河北	一流大学	1	河北工业大学	
		985	0		
		211	2	河北工业大学、华北电力大学（保定）	
长三角地区	江苏	一流大学	16	南京大学、东南大学、南京理工大学、南京航空航天大学、河海大学、苏州大学、南京师范大学、江南大学、中国矿业大学、南京农业大学、中国药科大学、南京邮电大学、南京信息工程大学、南京林业大学、南京中医药大学、南京医科大学	34
		985	2	南京大学、东南大学	
		211	9	南京理工大学、南京航空航天大学、河海大学、苏州大学、南京师范大学、江南大学、中国矿业大学、南京农业大学、中国药科大学	
	上海	一流大学	15	复旦大学、上海交通大学、同济大学、上海外国语大学、上海大学、华东师范大学、上海科技大学、上海财经大学、上海海洋大学、上海中医药大学、华东理工大学、海军军医大学、东华大学、上海音乐学院、上海体育大学	

类型		学校类型	数量	学校名称	一流大学总数
长三角地区	上海	985	4	复旦大学、上海交通大学、同济大学、华东师范大学	34
		211	6	上海财经大学、上海外国语大学、上海大学、华东理工大学、海军军医大学	
	浙江	一流大学	3	浙江大学、宁波大学、中国美术学院	
		985	1	浙江大学	
		211	0		
南部沿海地区	福建	一流大学	2	厦门大学、福州大学	11
		985	1	厦门大学	
		211	1	福州大学	
	广东	一流大学	8	中山大学、华南理工大学、南方科技大学、暨南大学、华南师范大学、广州中医药大学、广州医科大学、华南农业大学	
		985	2	中山大学、华南理工大学	
		211	2	暨南大学、华南师范大学	
	海南	一流大学	1	海南大学	
		985	0		
		211	1	海南大学	

续表

类型		学校类型	数量	学校名称	一流大学总数
西南地区	广西	一流大学	1	广西大学	13
		985	0		
		211	1	广西大学	
	云南	一流大学	1	云南大学	
		985	0		
		211	1	云南大学	
	贵州	一流大学	1	贵州大学	
		985	0		
		211	1	贵州大学	
	四川	一流大学	8	四川大学、电子科技大学、西南财经大学、西南交通大学、四川农业大学、成都理工大学、成都中医药大学、西南石油大学	
		985	2	四川大学、电子科技大学	
		211	3	西南财经大学、西南交通大学、四川农业大学	
	重庆	一流大学	2	重庆大学、西南大学	
		985	1	重庆大学	
		211	1	西南大学	

续表

类型		学校类型	数量	学校名称	一流大学总数
中部地区	安徽	一流大学	3	中国科学技术大学、合肥工业大学、安徽大学	20
		985	1	中国科学技术大学	
		211	2	合肥工业大学、安徽大学	
	河南	一流大学	2	郑州大学、河南大学	
		985	0		
		211	1	郑州大学	
	湖北	一流大学	7	武汉大学、华中科技大学、华中师范大学、中南财经政法大学、武汉理工大学、中国地质大学（武汉）、华中农业大学	
		985	2	武汉大学、华中科技大学	
		211	5	华中师范大学、中南财经政法大学、武汉理工大学、中国地质大学（武汉）、华中农业大学	
	山西	一流大学	2	太原理工大学、山西大学	
		985	0		
		211	1	太原理工大学	

续表

类型		学校类型	数量	学校名称	一流大学总数
中部地区	湖南	一流大学	5	国防科技大学、中南大学、湖南大学、湖南师范大学、湘潭大学	20
		985	3	国防科技大学、中南大学、湖南大学	
		211	1	湖南师范大学	
	江西	一流大学	1	南昌大学	
		985	0		
		211	1	南昌大学	
西北地区	青海	一流大学	1	青海大学	14
		985	0		
		211	1	青海大学	
	甘肃	一流大学	1	兰州大学	
		985	1	兰州大学	
		211	0		
	内蒙古	一流大学	1	内蒙古大学	
		985	0		
		211	1	内蒙古大学	

续表

类型		学校类型	数量	学校名称	一流大学总数
西北地区	陕西	一流大学	8	西安交通大学、西北工业大学、西北农林科技大学、西安电子科技大学、空军军医大学、陕西师范大学、西北大学、长安大学	14
		985	3	西安交通大学、西北工业大学、西北农林科技大学	
		211	5	西安电子科技大学、空军军医大学、陕西师范大学、西北大学、长安大学	
	宁夏	一流大学	1	宁夏大学	
		985	0		
		211	1	宁夏大学	
	新疆	一流大学	2	新疆大学、石河子大学	
		985	0		
		211	2	新疆大学、石河子大学	
东北地区	吉林	一流大学	3	吉林大学、东北师范大学、延边大学	11
		985	1	吉林大学	
		211	2	东北师范大学、延边大学	
	黑龙江	一流大学	4	哈尔滨工业大学、哈尔滨工程大学、东北林业大学、东北农业大学	
		985	1	哈尔滨工业大学	
		211	3	哈尔滨工程大学、东北林业大学、东北农业大学	

续表

类型		学校类型	数量	学校名称	一流大学总数
东北地区	辽宁	一流大学	4	大连理工大学、东北大学、大连海事大学、辽宁大学	11
		985	2	大连理工大学、东北大学	
		211	2	大连海事大学、辽宁大学	

资料来源：中华人民共和国教育部网站。

按照地理区划对国内高校发展工程类型进行分区统计，发现"985"高校和世界一流大学在地理分区上具有高度一致性；对比"211"高校，一流学科建设高校在地理分区上发生了变化。一流学科建设高校在北部沿海地区（京、津、冀、鲁）和长三角沿海地区（沪、苏、浙）数量最多，分别为 28 所和 25 所，占总数的 29.47% 和 26.32%；长江中游地区（鄂、湘、赣、皖）、西南地区（川、渝、滇、贵）和黄河中游地区（陕、晋、豫、内蒙古）分别为 9 所、9 所和 8 所；东北地区为 7 所；南部沿海地区和大西北地区分别为 5 所和 4 所。总体来看，"985"高校和世界一流大学均在北部沿海地区呈现高聚集态势；一流学科建设高校从"211"高校时期北部沿海地区一枝独秀的特征转变为与长三角沿海地区近于并列的双核心分布，中西部特征由以长江中游的"211"高校为优势地位转变为西南地区、长江中游地区和黄河中游地区三马车并驾齐驱态势。

2. 国内"双一流"建设学科空间分布

目前新一轮双一流建设高校和建设学科的数据已经公布，北京大学和清华大学的建设学科自行设置，因此，我们的研究还采用首轮双一流建设学科数据，首轮我国"双一流"建设学科共计 463 个，[①] 各省学科建设数由高到低分布情况见表 1-2。从表 1-2 可以看出，北京、上海和江苏"双一流"学科建设数量最高，尤其是北京，其学科建设数最多，高达 162 个，是上海的近 3 倍。其次是湖北和浙江，分别为 29 个和 20 个；广东、陕西、四川、安徽、天津、湖南、吉林和黑龙江的学科数量介于 11~18 个，其余各省份均为个位数，西藏、山西、青海、宁夏、内蒙古、江西、河北、海南、贵州和广西均只有 1 个。

---

① 中华人民共和国教育部，http://www.moe.gov.cn/jyb_sjzl/。

表1-2　　　　中国"双一流"建设学科地区分布情况　　　单位：个

省份	北京	上海	江苏	湖北	浙江	广东	陕西	四川	安徽	天津	湖南	吉林	黑龙江	山东	福建	辽宁
数量	162	57	43	29	20	18	17	14	13	12	12	12	11	6	6	5

省份	河南	新疆	重庆	甘肃	云南	广西	贵州	海南	河北	江西	内蒙古	宁夏	青海	山西	西藏
数量	4	4	4	4	2	1	1	1	1	1	1	1	1	1	1

资料来源：中华人民共和国教育部网站。

北部沿海地区在"双一流"建设学科中所占学科数量最多，为181个，占比38.92%；长三角沿海区所占学科数量居次，为120个，占比为25.81%；长江中游地区所占学科数量较多，为55个，占比为11.83%；东北地区、南部沿海地区、黄河中游地区、西南地区所占学科分别为28个、25个、23个和22个；大西北地区最少，只有11个。总体来看，"双一流"建设学科东部强于中西部，以北京为单中心的北部沿海地区"双一流"建设学科数量最高；以上海和江苏为双核结构的长三角沿海区"双一流"建设学科数量较高。总体来看，"双一流"建设学科分布具有高度集中性，北京占有绝对优势，主要与其经济发展密切相关，中部地区虽然因为武汉的单体优势使湖北的建设学科位居优势，但中部区域总体而言还是处于劣势。

3. 我国一流建设学科比一流大学更具集聚化倾向

从省域来看，一流学科建设与一流大学建设相比具有更明显的集中性，且北京首位度高。从区划来看，一流大学均在北部沿海地区呈现高聚集态势，一流学科建设呈现以北京为中心的北部沿海地区与以上海和江苏为中心的长三角沿海区的双核带动态势。国内一流大学与一流学科建设高校的空间分布与国家政治、经济、文化的区位优势有着紧密联系。

4. "双一流"学科建设的多寡与区域人均GDP显著正相关

从区划来看，"双一流"建设学科以自然科学领域的应用型工科为主，东部强于西部，北部沿海地区比长三角沿海区的"双一流"建设学科数量高。从省域来看，国内"双一流"学科建设首位度指数为 1.26，帕累托指数为 1.606，北京首位度高，表明"双一流"建设学科高度集中。同时，"双一流"建设学科的多寡与区域人均 GDP 呈显著正相关。

（三）第二轮"双一流"建设的新特征

1. 新名单、新布局

（1）新增 7 所高校，"双一流"省域版图迎来新变化。

2022 年 2 月 14 日，教育部等三部门印发《关于深入推进世界一流大学和一流学科建设的若干意见》，并公布新一轮"双一流"建设高校及建设学科名单。标志着新一轮"双一流"建设正式启动。此次"双一流"建设名单包括 147 所建设高校，331 个建设学科（含自定学科共 433 个）。北京大学、清华大学自行公布。

相比上批公布的首轮名单，新一轮"双一流"建设高校新增 7 所，广东省新增 3 所高校。山西省一流学科增至 3 个（见表 1 – 3）。

表 1 – 3　　　　新增"双一流"高校及其入选学科

序号	学校名称	入选学科
1	山西大学	哲学、物理学
2	华南农业大学	作物学
3	南京医科大学	公共卫生与预防医学
4	湘潭大学	数学
5	广州医科大学	临床医学
6	上海科技大学	材料科学与工程
7	南方科技大学	数学

资料来源：中华人民共和国教育部。

经过此轮调整后,"双一流"省域版图迎来新变化。广东省成为"最大赢家","双一流"建设高校总量从全国并列第 7 位跃升至第 4 位。①

(2)基础学科、"四新"建设受重视,工科领跑。

新一轮建设范围确定了"总体稳定、优化调整"的认定原则。其中之一就是需求引导下的布局调整,即第二轮建设以"十四五"期间国家战略急需领域作为指引调整建设学科的指南,对拟建设学科的匹配度、水平和发展质量等进行综合考查,尤其是加大基础学科、理工农医和哲学社会科学学科布局。值得一提的是,新增 7 所高校入选的学科均在基础学科、理工农医和哲学社会科学学科范畴。

基础学科成为此次学科战略布局的重中之重(见表 1-4)。根据基础学科拔尖学生培养计划 2.0 基地建设范围,第二轮"双一流"建设名单中基础学科共计 142 个,覆盖"双一流"建设高校 72 所。入选学科数量最多的是化学,有 22 个一流学科建设点,哲学社会科学学科中入选最多的是经济学,有 11 个一流学科建设点。

表 1-4　　　　第二轮文科基础学科数量和高校

基础学科	数量	高校
经济学	10	中国人民大学、中央财经大学、对外经济贸易大学、南开大学、辽宁大学、复旦大学、上海财经大学、南京大学、武汉大学、西南财经大学
历史学	7	中国人民大学、北京科技大学、北京师范大学、南开大学、东北师范大学、复旦大学、中国科学技术大学

① 中华人民共和国教育部,http://www.moe.gov.cn/jyb_xwfb/s5147/202202/t20220215_599503.html。

基础学科	数量	高校
哲学	6	中国人民大学、北京师范大学、山西大学、复旦大学、南京大学、中山大学
中国语言文学	6	北京师范大学、复旦大学、南京大学、山东大学、华中师范大学、陕西师范大学

资料来源：中华人民共和国教育部。

（3）新晋建设学科 58 个，文科新增显著。

本轮"双一流"新增建设学科 58 个，其中文科建设学科达 17 个，占比达 30%。教育学新增入选高校最多，在首轮仅有北京师范大学、华东师范大学的基础上，增加了西南大学、华中师范大学、厦门大学、东北师范大学 4 所高校。应用经济学增加 3 所高校，分别为复旦大学、南开大学、上海财经大学。哲学增加 2 所高校，分别为北京师范大学和山西大学（见表 1 - 5）。①

表 1 - 5　　　　　　　第二轮文科新增名单

复旦大学	应用经济学
	马克思主义
	外国语言文学
北京师范大学	哲学
	外国语言文学
南京大学	理论经济学
南开大学	应用经济学
上海财经大学	应用经济学
东北师范大学	教育学

① 中华人民共和国教育部，http：//www. moe. gov. cn/jyb_xwfb/s5147/202202/T20220215_599503. html。

华中师范大学	教育学
厦门大学	教育学
西南大学	教育学
西北大学	考古学
山西大学	哲学
同济大学	设计学
上海交通大学	工商管理学
山东大学	中国语言文学

资料来源：中华人民共和国教育部。

2. 新方位、新使命、新要求

2017 年 1 月至今，"双一流"建设已完成一个周期的建设并且新一轮建设已经过半，新一轮《关于深入推进世界一流大学和一流学科建设的若干意见》的新体现在如下三个方面：一是新方位：立足国家战略全局及世界新变局，立足新发展阶段、贯彻新发展理念、构建新发展格局。二是新使命：突出培养一流人才、服务国家战略需求、争创世界一流。三是新要求：新一轮建设将探索建立分类发展、分类支持、分类评价建设体系作为工作重点，深化体制机制改革，统筹推进、分类建设一流大学和一流学科。引导建设高校切实把精力和重心聚焦有关领域、方向的创新与实质突破上，创造真正意义上的世界一流。

（1）更加突出培养一流人才、服务国家重大战略需求。

教育兴则国家兴，人才强则国家强。人才培养质量是检验"双一流"建设成效的核心要素，"双一流"监测指标中人才培养的权重也是最大的。"双一流"建设高校当前的短板和未来发展的希望依然是人才培养问题。

《关于深入推进世界一流大学和一流学科建设的若干意见》

强化立德树人，牢固确立人才培养中心地位。坚持把立德树人成效作为检验学校一切工作的根本标准，要造就一流自立自强人才方阵。

加快培养急需高层次人才。大力引育具有国际水平的战略科学家、一流科技领军人才、青年科技人才和创新团队，引领社会发展的学术大师、兴业英才、治国良才。新一轮名单反映了国家建设发展迫切需求的学科，材料科学与工程、计算机科学与技术、机械工程、临床医学等学科入选数量比较多，有明显的政策导向。其中，材料科学与工程有 30 所高校入围，计算机科学与技术有 12 所入围。最典型的调整为复旦大学的机械及航空航天和制造工程此轮出局，上一轮落选的西北工业大学、哈尔滨工业大学、南京航空航天大学的航空宇航与科学技术新入选。

2022 年 2 月，中央全面深化改革委员会第二十四次会议审议通过人才培养相关指导意见，要求高校走好基础学科人才自主培养之路，坚持四个面向，全面贯彻党的教育方针，落实立德树人根本任务，遵循教育规律，加快建设高质量基础学科人才培养体系。要坚持正确政治方向，把理想信念教育贯穿人才培养全过程，引导人才深怀爱党爱国之心、砥砺报国之志，继承和发扬老一辈科学家胸怀祖国、服务人民的优秀品质。要优化人才发展制度环境，打好基础、储备长远，发挥高校特别是"双一流"大学人才培养的主力军作用，既要培养好人才，更要用好人才。

（2）优化学科专业布局，支撑国家重大战略需求。

学科体系的建设关系到学校发展的根基，在高水平人才培养中发挥着重要作用。学科建设不仅仅是建"学术高原"，更重要的是建"学术高峰"。针对学科专业盲目布点、重复设置和"多而散"的功利性现象，《关于深入推进世界一流大学和一流学科建设的若干意见》指出，要服务新发展格局，优化学科专业布局。

首先是学科专业调整。第一要建设高校要以国家急需学科专业及重点领域学科专业为指导对现有学科体系进行调整升级，打破学科专业壁垒，推进四新建设，积极回应社会人才需求。布局交叉学科专业，培育学科增长点。第二要夯实基础学科建设。重点布局一批基础学科研究中心，扶持一批"绝学"、冷门学科，建设一批基础学科培养基地。第三要加强应用学科建设。重点布局建设先进制造、新能源交通、现代农业、新一代信息技术、现代服务业等社会需求强、就业前景广阔、人才缺口大的应用学科。第四要加强哲学社科体系建设。进一步巩固马克思主义理论一级学科基础地位，强化习近平新时代中国特色社会主义思想学理化学科化研究阐释。加强科学哲学研究。建好教育部哲学社会科学实验室、高校人文社会科学重点研究基地，强化中国特色新型高校智库育人功能。第五要加强学科交叉融合。在尊重学科研究基本规律的基础上，打破学科专业壁垒，除了人文社科、自然科学自身的融合，还要加强自然科学与人文社会科学之间交叉融合，围绕人工智能、国家治理等领域培育新兴交叉学科。

综上，面向国家重大需求，优化学科布局，树立学科生态意识，同时聚焦优势学科，补齐创新短板，夯实基础学科建设，体现学校特色。要把学校传统的优势学科做强，把国家战略急需的学科做精，把新兴交叉融合的学科做实。

（3）坚持体制机制改革创新，瞄准世界一流。

适应新发展格局，推进高质量发展，构建多元多维成效评价体系。一是深化教育教学模式改革。全面推进思想政治工作体系、学科体系、教学体系、教材体系、管理体系建设。二是深化科教协同育人机制改革，围绕打造国家战略科技力量，服务国家创新体系建设。促进高校、产业、平台等融合育人，实现科教结合、产教融合。努力攻克新一代信息技术、能源交通、先进制造、新能源、航空航天、生命健康等"卡脖子"技术。三要深化教育评价机制改革。树立重师德师风、重真才实学、重质量贡献的价值导向，不唯排名、不唯数量指标，不急功近利。深化教育评价机制的改革需要从多个方面入手，树立正确的评价导向，完善评价标准和方法，加强监管和反馈机制，加强宣传和普及工作，以及强调评价与教育教学的深度融合。通过这些措施的实施，可以推动教育评价机制的改革向纵深发展，为培养更多优秀人才提供有力保障。

二、双一流建设的内涵及特征

（一）"双一流"建设的内涵

为了推动"双一流"建设在国家和高校层面的深入发展，首要任务是深入理解和把握其内涵及，从而能够全面而有效地指导建设实践。内涵，作为事物本质属性的综合体现，是事物最为核心和根本的属性所在。在推进"双一流"建设的实际过程中，多个省份提出了众多较为宏观且模糊的方针和目标，然而，至今尚未形成统一的标准。总体来看，目前对于"双一流"的评估尚缺乏精细化的标准，也缺乏基于学科建设和大学发展的核心要素来深入揭示其建设的深刻内涵[①]。阿特巴赫教授曾指出，学术自由的环境、公平的竞争机制以及服务社会的办学导向是中国大学必须解决的关键问题[②]。同时，王令宜提出，世界一流大学的共同特点涵盖了政策与技术两个层面。在政策层面，包括了大学分类、优化学校治理和人事管理、增强经费和资源支持、推进国际化等；在技术层面，则涉及了制定世界一流大学的筛选标准、实施中期评估与跟踪审核、设立绩效评估指标等[③]。此外，如钟秉林、熊丙奇等学者也分别就"双一流"建设中的一流本科教

[①] 潘静：《"双一流"建设的内涵与行动框架》，载《江苏高教》2016年第5期。
[②] 陈廷柱、姜川：《阿特巴赫教授谈中国建设高等教育强国》，载《大学教育科学》2009年第2期。
[③] 王令宜：《世界一流大学的制度化》，载《评监双月刊》2013年第7期。

育、人才培养、一流管理等方面提出了自己的观点。尽管目前学术界对于一流大学和一流学科的定义尚未达成共识，但这些对"双一流"建设的深入探讨，无疑为实践提供了宝贵的借鉴和指导。

当前对于一流大学与一流学科的探讨，普遍认为其显著标志在于学术自由与自治的深刻体现。高水平的科研成果与卓越的人才培养质量，是评估其地位的重要尺度。由于一流学科扎根于大学之中，故人才培养的质量与水平，对评价一流学科至关重要。同时，科学研究作为大学的另一核心使命，其学术水平直接塑造着学科的建设与发展轨迹。综合来看，一流大学与一流学科的学术见解，主要聚焦于杰出的人才培育、卓越的科研成就以及卓越的学术声誉。其中，一流人才的孕育与一流科研的产出，共同构筑了学科的学术声望，而这正是学科建设在制度设计、规范执行、组织运作以及人才与科研质量上的综合体现。

虽然学术界到目前为止对"一流"尚未达成共识，但国际通行的一流大学和一流学科排名，其背后的指标体系标示着"双一流"的目标追求，体现其未来的建设方向。国际上较有影响的排行榜有上海交大版学术排名（Shanghai Ranking's Academic Ranking of World Universities）、泰晤士报大学排行（Times Higher Education）、夸夸雷利·西蒙兹（Quacquarelli Symonds，QS）国际研究机构发布的大学排名。虽然各排行榜的指标体系各有不同，但基本上都包括人才培养、科学研究、社会服务、师资队伍建设等相关指标。而这些指标也是我国"双一流"建设的重要指标，由此可以窥见，"双一流"是一个综合性评价体系，单一指标的一流难以成为整体的一流。

基于学者们对一流大学和学科的深入研究，并结合国内外知名大学与学科排行榜的评估指标，我们可以总结出"双一流"建设的核心标准和关键要素。这些要素包括卓越的人才培养、优秀的师资队伍、突出的科研成果、卓越的社会服务以及创新的制度设计。因此，我们坚信，"双一流"建设应以汇聚一流人才为核心，以科学研究为基石，以高效的教育治理为支撑，以优质的社会服务为驱动，以充足的经费为后盾，同时坚定不移地走国际化道路，以此推动世界一流大学和一流学科的全面发展。

1. 以一流的人才培养为核心

"双一流"建设的精髓在于人才培养，其根基则在于拥有一流的师资队伍。一流师资不仅是人才培养和科学研究的基石，更是推动学科发展的核心资源。只有充分激发教师队伍的创新潜能，培育学术领军人物，打造高水平的科研团队，进而在学科领域形成高峰和优势，才能确保学科的稳健发展。斯坦福大学的公共政策学科堪称典范，其胡佛研究所汇聚了众多杰出研究人员，其中不乏美国院士及奖章得主[①]。正是这些一流的学术领军人物和团队，共同铸就了该学科的全球领先地位。一流师资队伍中的"顶尖"与"一流"不仅涵盖顶尖人才，如中国科学院和中国工程院院士、国家最高科技奖得主以及各类重要奖项的主要获奖者，还包括"长江学者"、国家"千人计划"入选者等高层次人才，同时，也包含大批具备博士学位、中青年学术骨干等优秀人才。

"双一流"建设的终极目标，无疑聚焦于培养一流人才，特别是那些具备拔尖创新能力的精英。若大学或学科未能展现出对一流人才的有效培养能力，那么它们便难以被冠以"一流"之名。因此，在推进"双一流"建设的过程中，我们面临的关键挑战在于如何破解当前大学人才培养中存在的创新能力与实践能力不足的问题。要达成一流的水平，大学和学科必须将人才培养作为核心使命。具体来说，能否培养出对地区经济社会发展具有积极贡献的创新人才，以及在政治、经济、文化等多个领域发挥

[①] 潘静：《"双一流"建设的内涵与行动框架》，载《江苏高教》2016 年第 5 期。

引领作用的精英，这已经成为衡量"双一流"建设成效的重要标准①。通过不断深化改革，优化教育资源配置，提升教学质量，"双一流"高校将为国家和社会的长远发展培养出更多优秀的一流人才。

2. 以一流的科学研究为基础

科研作为高校的核心功能，是"双一流"建设的重要衡量标准，也是国家实力的重要标志。观察国家和各省的"双一流"建设政策文件，不难发现科研进步和卓越的学术水平已成为建设双一流大学的关键所在。科研实力与学术水准对教师队伍的整体层次具有直接影响，同时也是评价拔尖创新人才培养效果的重要指标，更决定了大学为社会服务的广度和深度。分析世界顶尖大学的排名，美国、欧洲等地的知名大学之所以能长期占据国际大学排行榜前列，其高水平的科学研究无疑发挥了重要作用。在一流大学中，科研能力与学校整体排名往往呈正相关。诸如 THE、ARWU 等排名体系中，学术研究成果占有显著比重，不仅关注教师的研究成果和科研环境，也重视学生参与科研的条件和资源。从国内大学排行榜和教育部学科评估结果中也能看出，学术研究指标占据了举足轻重的地位。

"双一流"建设绝非空洞的口号，而是以顶尖的学术研究为基石，推动一流师资的壮大、一流人才的培育以及一流科技向社会的转化与应用②。对于一流大学和一流学科来说，从事科学研究不仅是其使命与责任，更是其存在的根本。在"双一流"建设的背景下，政府和社会对大学寄予了更高的科学研究期望。尽管大学已融入社会的中心，但其学术研究依然是回应社会需求、服务社会的重要基石。这种对科学研究的重视，既是对历史的传

---

① 马健生、黄海刚：《试论高等教育强国的概念、内涵与特征》，载《国家教育行政学院学报》2009 年第 7 期。

② 张蕖：《学术自由与世界一流大学建设》，载《江苏高教》2016 年第 5 期。

承，也符合大学发展逻辑和学科进步的规律。特别是在当今知识创新的时代，人类正步入科技主导的后工业社会，知识和技术的创新能力成为各国竞相争夺的关键。因此，提升大学和学科的学术水平，不仅是大学竞争力的体现，更是其在激烈竞争中脱颖而出的关键所在。

3. 以一流的大学治理体系为支撑

一流大学的建立离不开一流的大学治理体系作为其稳固的基石。在推进"双一流"建设的征程中，我们必须立足我国大学的实际情况，构建起符合现代高等教育发展趋势的治理体系，以此推动教育治理能力的现代化进程。这一过程中，我们需要特别关注并促进高等教育管理方式的深刻转变。具体而言，教育行政管理的转变至关重要，我们应当实现从以行政手段为主导，转向以法治手段为核心的管理模式，确保政府依法进行教育管理，学校依法自主办学，社会各界依法参与治理，从而构建起一个法治化、规范化的治理机制。同时，高等学校内部管理的转变也不容忽视。我们应当逐步从行政权力主导转向学术权力主导，确保学术研究的自由与独立，同时加强教授治学的地位，实现依法治校、民主监督与社会参与的有机结合。通过这样的转变，我们可以建立起一个既有利于学术创新，又具备高效管理能力的内部治理机制，进一步健全和完善高校治理体系。[①] 这一系列的制度变革与机制创新，将为"双一流"建设提供坚实而有力的制度支撑，推动我国高等教育迈向更高的台阶，为培养更多优秀人才、服务国家现代化建设作出积极贡献。

一流学科的崛起离不开高效的学科治理，这是大学治理体系不可或缺的环节。自18世纪起，学科知识逐步与社会体系相融合，实现了知识的制度化、组织化，从而催生了学术共同体的形

---

① 毕宪顺、赵凤娟：《依法治教视野中的教授治学》，载《教育研究》2016年第10期。

成。随着学科组织架构的完善，学科发展也展现出更强的组织性和合法性。学科组织内部要素众多，彼此间交织着复杂的互动关系，这些要素的协同作用共同推动着学科组织的运行。在此过程中，一套科学的运行机制至关重要，它能够将不同要素有效整合、优化资源配置，推动学科整体的进步与发展。面对当今复杂多变的社会问题，单一学科已难以应对，因此，建立以问题为导向、以项目为引领的多学科交叉研究体系势在必行。这种学科运行机制并非杂乱无章，而是建立在学科资源有机整合与合理配置的基础之上，旨在形成不同学科间的互动合作、有序竞争、协同创新、共同发展的良好生态。通过推动学科建设的动力机制和学科发展的协同创新机制的建立与有机衔接，最终将催生出真正的一流学科，引领学科发展的潮流。

4. 以一流的社会服务为引导

社会服务作为高校的三大核心职责之一，一流大学和学科应当在经济繁荣和社会进步中发挥举足轻重的作用。它们不应仅仅追求排行榜上的高位数字，而是应当切实将知识转化为实际的社会价值。这意味着一流大学和学科须具备将知识、技术、人才资源及咨询服务等有效输送到社会的能力。在构建世界一流大学和学科的过程中，一个共同的特点就是大学与社会的紧密结合，大学不仅致力于学术研究，更重视知识技术的转化，将其作为一项关键战略。以英国爱丁堡大学为例，该校积极推动科研成果的应用，深化与社会的联系，以促进知识的有效转化；同样，丹麦奥尔胡思大学也在进行高水平的学术研究，同时向国内外提供咨询服务，实现知识与社会的深度对接。这样的实践，正是实现高校社会服务职能的典范①。

在构建国家现代治理体系的进程中，众多领域对第三方机制

---

① 冯倬琳、刘念才：《世界一流大学国际化战略的特征分析》，载《高等教育研究》2013 年第 6 期。

的重视不容忽视。"双一流"建设同样需要关注大学与社会、市场之间的关联，以及政府和高校之外的第三方力量所发挥的作用。在当前知识经济和市场经济的大环境下，社会对于知识和技术的依赖日益加深，这使得大学在社会生活中占据了举足轻重的地位，并要求大学承担更多的社会责任。与此同时，大学的正常运转和持续发展离不开充足的经费支持。高校办学经费的来源不应仅限于政府的财政拨款，社会也应成为其重要的经费来源之一。然而，大学与社会之间的关系相较于大学与政府而言，在利益关系上更为复杂。大学的运作遵循知识逻辑和学科发展规律，而社会的利益活动则更多基于实用和功利性原则。这种差异使得大学在与社会互动时难免会遇到各种矛盾和冲突。面对大学与社会在价值取向、运行特征等方面的差异，如何协调大学与社会的关系，以及如何更好地为社会提供服务，都是"双一流"建设方案需要明确和保护的重要内容。这不仅关乎大学的发展，也关系到社会整体的进步和繁荣。因此，在推进"双一流"建设的过程中，我们必须充分考虑大学与社会的互动关系，确保大学能够在满足社会需求的同时，保持其独特的学术地位和价值。

"双一流"建设的核心宗旨在于构建国际水平的一流大学和学科，使之能够更加精准高效地服务于中国人民和中国的整体发展。虽然国际交流与合作对于一流大学和学科的建设至关重要，但"双一流"建设的目标并非简单模仿美国或英国的模式，而是应立足于中国社会经济发展的实际状况，致力于推动本国的经济繁荣和增进人民的福祉。为国家的发展贡献力量是一流大学和一流学科建设不可推卸的责任，也是其价值的最终体现[①]。

5. 保障充足的经费投入

当下，我国综合国力稳步增强，相应的教育投入也持续攀

---

① 别敦荣：《论办好中国的世界一流大学——学习习近平总书记在北京大学师生座谈会上讲话的体会》，载《中国高教研究》2014 年第 9 期。

升。尽管各国政府和国际组织纷纷斥巨资支持一流大学和学科的发展，但其中是否存在强者恒强、弱者越弱的马太效应，确实值得我们深入观察。然而，一个不争的事实是，"双一流"建设确实需要庞大的教育经费作为支撑。充足的资金、先进的设备以及掌握现代信息资源的能力，是学术进步不可或缺的关键，它们共同保障学科的稳健运行，逐步强化学科实力，成为一流大学和学科综合实力的显著标志。回顾历史，清华大学与北京大学最初正是在"庚子赔款"退款的支持下崭露头角，凭借这些资金聘请到了一流的教授。[①] 观察当前，各省份的"双一流"建设方案或文件均显示，地方政府对"双一流"建设的投入毫不吝啬。以北京、吉林、湖北、广东、河南和山东为例，这些地区均制定了详细的经费支持计划，旨在推动本地高校向一流水平迈进。这样的投入力度，无疑为"双一流"建设提供了坚实的物质保障[②]。

6. 以国际化为引领

"双一流"不仅要求国内领先，更需达到世界顶尖水平，因此，国际化是大学和学科实现世界一流的必由之路。国际化不仅是一个过程，更是一种思维方式和发展理念，涵盖了师资、科学研究等方面的全球化。推动"双一流"建设旨在逐步提升我国大学和学科在国际上的影响力与话语权，是培育一流人才的关键途径。其核心方向在于促进大学积极开展国际合作，参与国际竞争，强化竞争力，进而实现从世界一流行列向前列的跨越。

国际化作为评价大学办学与学科建设质量的重要标尺，其深度是世界一流大学和学科的核心特质。大学和学科唯有立足国际视野，方能吸引全球顶尖人才，产出对人类社会有益的创新成果。我们所追求的"双一流"，必须是高度国际化的"双一流"，

---

① 张红霞：《建设世界一流大学的中国道路——近代中国大陆著名大学经验与教训的反思》，载《通识教育学刊》2011 年第 7 期。

② 邬大光等：《高等教育强国的内涵、本质与基本特征》，载《中国高教研究》2010 年第 1 期。

走向国际化是"双一流"建设的必由之路。

同时，国际化也是中华民族参与国际竞争、屹立于世界民族之林的必由之路。"双一流"建设承载着推动中华民族走向世界的重大历史使命。大学和学科建设的国际化有助于增进中国与世界的交流合作，推动整个高等教育体系的国际化进程。

（二）"双一流"建设的特征及新动向

顶尖高校是高等教育进步的领军者、引领者。这些学府及其优质学科具备标杆与模范效应，引领整个高等教育体系的进步。唯有打造出一流的大学与学科，特别是卓越的研究型大学和一系列独具特色的优势学科，方能培育出国际级的杰出人才，创造一流的创新成就，进而更高效地服务社会。回顾全球高等教育的发展历程，那些高等教育发达、质量卓越的国家，无不拥有享誉全球的一流大学或学科。"双一流"建设的特点主要体现在以下四个方面。

1. 高等教育的历史性跨越

"双一流"建设标志着我国高等教育迈向历史性的新高度。根据十八届五中全会的部署，将建设世界一流大学和一流学科纳入了国家经济社会发展的总体蓝图，并列为第十三个五年规划的重要内容。在打造高等教育强国的宏大背景下，面对地区间社会经济、教育和人才的激烈竞争，各省纷纷出台战略举措，推动高等教育强省建设，并相继启动相关规划。2015 年，国务院发布了《统筹推进世界一流大学和一流学科建设总体方案》，将"双一流"建设与高教强省战略相结合，各省积极投入，制定具体实施方案，鼓励现有高校向世界一流大学和一流学科迈进，努力培育一批国内领先、国际知名的高水平大学。这些高水平大学将作为引领者，带动省属高校的科学发展，形成示范效应，提高整个高等教育系统的实力。世界一流大学的建设已作为国家战略推进了十余年。如今，"985 工程"和"211 工程"的终结与"双一流"建设方案的推出，标志着国家战略的重大转变和高等教育从追求影响力到提升竞争力的新趋势。在"985 工程"的政策文件中，国际影响力是频繁提及的关键词，而"双一流"建设则更强调国际竞争力，这一转变预示着我国高等教育发展迈上了新的台阶。①

从"985 工程"与"211 工程"迈向"双一流"建设，这不仅是高等教育体制、制度与机制的革新过程，更是基于历史逻辑的深刻变革。这一历史性跨越的背后，是"985 工程"与"211 工程"所隐含的体制性矛盾以及高等教育面临的新形势、新挑战。尽管"985 工程"与"211 工程"作为传统重点大学建设的标志，为高等教育发展作出了巨大贡献，但如今已难以适应高等教育现代化的步伐。因此，"双一流"建设应运而生，成为顺应历史发展潮流的制度转型。"985 工程"与"211 工程"源于计划经济逻辑，旨在通过扶持少数大学率先达到一流水平，进而带动其他大学的发展。然而，这种模式下，高等教育资源的分配制度尚不成熟，一流大学的建设经验也相对匮乏。此外，高等教育的大众化趋势、办学体制与管理体制的改革等多因素，也推动了这一战略调整。根据制度学派的理论，制度的失衡催生了制度创新，这种变迁往往从一个安排的变动开始，进而影响到其他安排。因此，结构决定了制度的变迁，即所谓的路径依赖。在"985 工程"与"211 工程"向"双一流"建设的政策转变中，前两者正是路径依赖于计划配置的结果。但这种制度存在着诸如身份固化、竞争缺失等缺陷，导致了高等教育发展的失衡和资源配置的不公，增加了制度成本，从而促使了制度转向的必要性。小规模的改革已无法根本解决制度设计的失衡问题。在新的历史

---

① 谢维和：《"双一流"建设与教育学的责任》，载《探索与争鸣》2016 年第 7 期。

阶段，政府需摒弃旧有的路径依赖，调整不适应高等教育发展的制度供给，从政策调整和制度重构出发，重新规划高等教育发展。其中，"双一流"实施方案的顶层设计尤为重要。2016年国务院"双一流"建设方案的发布，标志着高等教育资源配置制度的重大调整与转型。未来，通过高等教育资源的重新配置与调整，完善具有中国特色的现代大学制度，全面推进"双一流"建设，将成为高等教育新发展阶段的重要特征。[1]

2. "双一流"建设需要大学与学科的协同推进

"双一流"建设要求大学与学科携手并进，这一过程通常包含几个关键环节：首先，大学内部需深入剖析，将那些相较其他学科具有显著优势或特色的学科，确立为校级建设的重中之重。其次，我们要从全国视角出发，对比各区域大学和学科的发展状况，不仅在省际间进行比较，还要在大学间进行校际对比，从中挑选出整体实力突出、国内领先的大学或学科，认定为国内一流。再次，我们要放眼全球，通过国际竞争，使中国的大学和学科在国际舞台上具备一定的影响力，努力在可比指标上达到甚至超越国际知名水平。最后，我们希望大学与学科的实力能与中等发达国家相匹敌，甚至超越，使一流大学和一流学科从世界一流的行列中脱颖而出，跻身前列。

在推进"双一流"建设的道路上，我们必须精准把握一流大学与一流学科之间的紧密关系。首先，一流大学为一流学科提供了坚实的基石。大学是知识的殿堂，学科则是其不可或缺的基本组成单元，因此，一流学科的建设自然成为"双一流"建设的重中之重。一流学科不仅要求在学术领域拥有深厚的历史积淀、高度的社会认可度和美誉度，还需依托于具体的院系等实体，具备完善的学科建设和运行条件。这涉及学科知识体系的建

---

[1] 康宁等：《"985工程"转型与"双一流方案"诞生的历史逻辑》，载《清华大学教育研究》2016年第5期。

设，以及学科组织的构建与运行。

同时，一流学科也为一流大学的建设提供了强有力的支撑和核心动力。大学作为一个多学科交织的复杂社会组织，其存在与发展离不开各个学科的紧密联结。学科是大学发展的细胞，是知识的系统化载体，更是大学的核心和基层单位，对于大学的知识创新和一流人才培养至关重要。没有一流学科的支撑，大学难以跻身一流之列。但值得注意的是，一流大学并不意味着其所有学科都是一流的，同样，单一学科的一流也并不能代表整个大学的一流。

从世界一流大学的经验来看，它们往往拥有多个一流学科，形成学科集群优势，既有顶尖学科的引领，又有优势学科群的支撑，共同推动大学向更高水平发展。从历次 ESI 世界学科排名中也可以看出，一流学科所在的学校多为顶尖大学。例如，哈佛大学和麻省理工学院在多个学科领域都取得了卓越成就。北京大学和清华大学在全国学科评估中也名列前茅。这些一流学科的汇聚，为这些大学赢得了一流大学的地位。

从高等教育的历史变迁来看，大学中心的转移实质上是一流学科的转移，是一流科学研究和一流人才的流动。因此，在"双一流"建设中，我们必须重视一流大学和一流学科的相互促进和共同发展，以推动高等教育整体水平的提升①。

3. "双一流"建设是向特色优势要竞争力的创新之举

"双一流"建设旨在实现从追赶世界一流到展现中国特色的跨越。世界一流，意味着在国际舞台上达到共同标准，通过融入其中，使自身符合这些国际准则，体现对全球共性的追求。然而，这仅仅是起点。"双一流"不仅要在世界排名中争得一席之地，更要致力于追求"中国特色"，以特色为引领，探索创新发

①　马廷奇：《"双一流"建设与大学发展》，载《国家教育行政学院学报》2016年第9期。

展的道路。

相较于"985 工程"与"211 工程","双一流"建设的一大亮点在于其因地制宜、特色鲜明的理念。它要求建设的大学和学科不仅要有特色,还要达到国际先进水平并在国内处于领先地位。从各地推进"双一流"建设的政策措施中,我们可以看到各省市根据自身经济社会发展的实际情况,努力打造具有地方特色的大学和学科。例如,内蒙古自治区在"双一流"建设方案中明确提出,要利用当地优势,重点发展民族学、蒙古语言文学、蒙医学、蒙药学等学科;而陕西省则强调依托本土深厚的文化底蕴,加强考古、历史等学科的建设。

"双一流"方案致力于培育具有鲜明特色的优势学科,成为推动大学和学科走向多元化、地方化和特色化的关键步骤。大学和学科的发展应独具匠心,避免盲目追求规模、全面性和数量,引导大学竞争从同质化转向个性化。在结合各地经济社会发展实际的基础上,特别是与产业、行业和企业需求紧密结合,发挥各自特色,培育特色学科与优势学科,逐步构建多维度、多层次的大学体系①。

习近平总书记在 2014 年五四青年节北大师生座谈会上,首次在"世界一流大学"前加上了"中国的"这一定语,强调了一流大学建设需凸显中国特色。坚持在中国大地上办大学,成为当前"双一流"建设的核心原则。这一建设的特色既涵盖对大学发展模式的"中国特色"探索,也涵盖对学科特色发展的期待。

"双一流"建设是在借鉴世界各国一流大学和学科先进经验的基础上,发扬本土特色的中国自信的战略。它必须深深扎根于中国土壤。虽然西方发达国家拥有一流大学和学科的丰富经验,

---

① 李艳:《"985""211"直接转?"双一流"建设没这么简单》,搜狐网,http://learning.sohu.com/20170222/n481356981.shtml,2017 年 2 月 22 日。

但无法孕育出中国的"双一流"。它需要中国大地的滋养，依托中国本土文化，立足中国国情。在培养一流人才、开展一流学术研究、提供一流社会服务的过程中，融入中国特色文化，将"双一流"建设融入社会主义现代化建设中，服务于国家发展大局。针对当前大学和教师对 SCI、SSCI 论文过度追求的盲从现象，"双一流"建设需摆脱对西方的依赖，构建符合自身实际的标准和话语体系，增强"双一流"建设的自信。

4. "双一流"建设是多要素有机联动的整体系统

大学的改革与学科发展是一项复杂的系统工程，"双一流"作为多维度的综合理念，其建设是一个涵盖体制、机制和技术等多方面的整体布局。它不仅关注人才培养与学术创新的变革与突破，还聚焦于大学治理，特别是中国特色现代大学制度的构建。大学治理的革新为其他方面的改革提供了土壤，清除了障碍，这些方面相互交织、相互影响，形成不可分割的有机体。在高等教育宏观体制的框架内，单纯依靠大学内部的改革与建设，难以实现"双一流"的宏伟目标。因此，"双一流"建设应以改革为引擎，以体制机制的创新为关键，全面推进并实现整体目标，进而逐步迈向高等教育卓越的新高度，实现大学与学科的"双一流"目标。同时，一流大学和一流学科的建设不应仅停留在政府政策层面，更应深入到学校实施层面，通过政策引导学校构建并深化相关制度，并确保这些制度为高校师生所广泛接受和践行。

大学和学科的持续进步，是推动地区经济腾飞的重要引擎，而经济的蓬勃发展又为"双一流"建设提供了坚实的后盾，高等教育与经济之间形成了积极的互动关系。在推进"双一流"建设的过程中，必须紧密结合经济社会的发展实际。只有当高等教育在促进经济繁荣、科技进步、文化创新和社会进步等方面发挥显著作用时，它才能被真正称为"一流"。因此，能否培养出对地区经济社会发展具有积极贡献的创新型人才，并在区域政治、经济、文化等多个领域发挥引领作用，已然成为衡量"双一流"建设成效的重要标准。"双一流"建设的进程与地区生产力的发展和社会进步保持同步，这不仅是高等教育发展的固有规律，也是世界顶尖大学共同的发展经验。社会是一个复杂的系统，其中经济、政治、文化、科技、教育等子系统相互交织、相互影响。因此，"双一流"建设不可能脱离特定的社会条件而单独存在。特别是经济的支持对于大学和学科的发展具有不可或缺的作用。大学和学科建设中的所有活动都应当与社会的发展需求相适应，特别是"双一流"建设更应积极服务于社会的发展。这既是高等教育发展的外部规律，也是"双一流"建设的内在要求。通过不断适应和满足社会的需求，大学和学科才能实现自身的持续发展和提升。

（三）"双高计划"（高职"双一流"）的内涵、特征及新动向

高等职业教育是我国高等教育的重要组成部分，随着我国产业结构转型升级步伐的加快，对高素质技术技能人才的需求日益迫切。传统高职教育在人才培养质量、服务产业发展能力等方面存在一定局限性，难以满足经济社会高质量发展的需求。在此背景下，2019 年，教育部、财政部正式启动中国特色高水平高职学校和专业建设计划（简称"双高计划"，又称高职双一流）①，旨在集中力量建设一批引领改革、支撑发展、中国特色、世界水平的高职学校和专业群，带动职业教育持续深化改革，强化内涵建设，实现高质量发展。这是落实《国家职业教育改革实施方案》（以下简称"职教 20 条"）的重要举措，也是提升职业教育吸引力和社会认可度的关键行动。

---

① 《"双高计划"引领新时代职业教育高质量发展》，中华人民共和国教育部，2019 年 4 月 9 日，http：//www. moe. gov. cn/jyb_xwfb/xw_zt/moe_357/jyzt_2019n/2019_zt8/zjjd/201904/t20190424_379349. html。

1. 内涵：以质量为核心的多维发展

"双高计划"作为国家职业教育改革的重要战略部署，自2019 年由教育部、财政部联合启动以来，始终围绕"中国特色、世界水平"的核心目标，通过系统性改革推动职业教育的高质量发展。其内涵不仅体现在教育模式的创新，更贯穿于产教融合、社会服务与技术创新的深度融合，构建起职业教育与经济社会协同发展的生态系统。从人才培养维度看，"双高计划"强调以产业需求为导向的实践教育体系重构。通过现代学徒制、订单式培养等模式，将企业真实生产场景融入教学过程，形成"工学交替"的育人机制[1]。部分院校通过与龙头企业共建产业学院，将生产线转化为教学场景，使学生在真实职业环境中完成技能训练与职业素养塑造。这种模式打破了传统职业教育中理论与实践割裂的困境，实现了"教学标准"与"岗位标准"的深度对接。职业教育研究者指出，此类改革本质上是"教育链"与"产业链"的有机衔接，其核心在于重构职业教育的内容供给方式。在社会服务层面，"双高计划"院校的功能定位已超越传统的人才培养范畴，逐步发展成为区域产业升级的技术服务枢纽。依托专业群建设，高职院校形成了"技术研发—成果转化—人才供给"的闭环服务体系。以现代农业领域为例，部分农业类高职院校通过组建技术推广团队，将新型农业技术直接输送到田间地头，同时为新型职业农民提供定制化培训。这种服务模式不仅提升了院校的社会贡献度，更在乡村振兴战略中发挥了独特作用。学者研究发现，高职院校的社会服务能力与其专业群建设的产业契合度呈显著正相关。技术创新维度上，"双高计划"院校聚焦应用型技术研发，形成"需求驱动、问题导向"的创新路径。与本科院校的基础研究定位不同，高职院校的技术创新更强调解决生产

---

① 张海超：《"双高计划"背景下高职院校实践教学体系构建思考》，载《教育教学论坛》2024 年第 29 期。

一线的实际难题。通过校企共建技术研发中心、协同创新平台等载体，教师团队直接参与企业技术改造项目，将研究成果转化为现实生产力。这种"立地式"研发模式，有效弥合了技术创新链中"最后一公里"的断层，成为中小企业技术升级的重要支撑力量。

2. 特征：职业教育改革的范式创新

"双高计划"的实施标志着职业教育发展范式的根本转变，其核心特征体现为"五个重构"：首先，在办学定位上重构职业教育类型特征。通过明确职业教育作为独立教育类型的地位，彻底改变"本科压缩版"的传统办学思路。这种类型化特征突出表现在课程体系的"工作过程系统化"设计，以及评价标准中"职业能力本位"的价值取向。机械制造类专业普遍采用"典型工作任务分析—学习领域转化—学习情境设计"的三阶课程开发模式[1]，确保教学内容与职业岗位要求高度匹配。其次，在治理体系上重构多元主体协同机制。建立由政府主导、行业指导、企业参与的治理架构，形成"政行企校"四方联动的决策机制。部分省市通过成立职业教育集团，整合区域内职业院校与龙头企业资源，实现专业建设与产业发展的同步规划。这种治理创新突破了传统职业教育封闭办学的局限，使院校发展深度融入区域经济生态系统。第三，在培养模式上重构能力生成路径。推行"双元育人"机制，将企业作为重要办学主体纳入人才培养全过程。典型案例包括企业导师驻校制度、生产性实训基地共建等实践探索。教育实践证明，这种模式能显著提升学生的岗位适应能力，缩短毕业生职业成熟周期。第四，在师资建设上重构"双师型"教师发展路径。建立教师定期赴企业实践制度，完善"教学能力—实践能力—研发能力"三位一体的教师发展体系。部分院校

---

① 孙襄宁：《工业 4.0 时代机械制造及自动化专业核心技能训练模式的构建》，载《造纸装备及材料》2025 年第 1 期。

创新实施"教师—工程师"角色互换机制，要求专业教师每年累计参与企业技术服务工作。这种制度设计从根本上改变了职业教育师资队伍的能力结构。第五，在质量保障上重构动态调整机制。建立"年度自查—中期评估—期末验收"的全过程监测体系，引入行业企业代表参与办学质量评价。对建设成效不达标的院校实施退出机制，确保资源配置的精准性和有效性。

3. 新动向：职业教育现代化进程的深化

当前，"双高计划"建设正进入提质增效的新阶段，呈现出三个显著发展趋势：其一，数字化转型驱动教学模式革新。随着人工智能、大数据等技术的普及，职业教育正在经历"智慧化"重构。虚拟仿真实训、数字孪生技术等新型教学手段的应用，打破了传统实训教学受时空限制的瓶颈。部分院校构建起"云端工厂""数字工匠"等创新培养模式，实现教学过程与生产流程的虚实融合[①]。这种变革不仅提升了教学效率，更重塑了技术技能人才的培养范式。其二，国际化发展拓宽职业教育边界。在"一带一路"背景下，高职院校积极参与国际职业教育标准制定，推动中国职教方案走向世界。通过建立海外分校、开展国际职业资格证书认证等方式，培养具有全球竞争力的技术技能人才。这种国际化探索既服务国家战略需求，也为职业教育发展开辟了新空间。其三，终身教育理念重构办学功能定位。面对技术快速迭代的挑战，"双高计划"院校正在从"学历教育提供者"向"终身学习服务平台"转型。通过建立学分银行、开发模块化课程体系，为在岗人员提供持续的技术更新服务。这种转变使职业教育真正成为支撑个体职业生涯发展的终身教育体系。

4. 差异比较：职业教育与普通高等教育的类型分化

作为高等教育体系的"双轨"，"双高计划"与"双一流"

---

① 张永华、夏琰：《数字化转型背景下数字工匠能力培养体系的研究与构建实践》，载《吉林省教育学院学报》2025 年第 2 期。

建设分别代表职业教育与普通高等教育的发展高峰，二者在育人逻辑、服务面向等方面形成鲜明对比：在价值取向上，普通高等教育注重学科知识的系统性与前沿性，其人才培养遵循"学科逻辑"，强调理论创新能力的培养；职业教育则坚持"职业逻辑"，以职业能力形成为主线，注重技术知识的实践转化。这种差异在课程体系设计中体现尤为明显：前者按学科知识体系组织教学内容，后者则依据典型工作任务构建学习模块。服务功能方面，普通高校主要通过基础研究突破推动科技进步，其科研成果多表现为学术论文、专利技术等形式；职业院校则侧重应用技术研发，成果形式包括工艺改进方案、技术解决方案等。二者在创新链上形成互补：前者关注"从0到1"的原始创新，后者着力实现"从1到N"的技术扩散①。评价体系差异折射出不同的质量观。普通高等教育普遍采用学术导向的评价标准，重视论文发表层次、科研项目级别等指标；职业教育则建立就业质量、技术服务质量等应用性评价维度。这种差异化的评价导向，本质上是对两类教育不同社会功能的客观反映。师资队伍建设路径的差异更具典型性。普通高校教师发展强调学术造诣的深度，通过科研项目、学术交流提升学术影响力；职业院校教师发展则注重"双师素质"的养成，要求教师兼具教育教学能力与专业技术实践能力。这种差异决定了二者在教师考核、培训体系等方面的制度设计区别（见表1-6）。

表1-6　"双高计划"与"双一流"建设体系核心维度及功能定位对比

维度	"双高计划"（高职）	"双一流"（本科）
知识生产	技术知识转化与应用创新	学科知识创造与理论突破
教学组织	工作过程系统化课程体系	学科逻辑化课程结构

① 李芸达、范丽红、何薇：《"互联网＋"战略下企业技术创新发展路径研究》，载《江苏理工学院学报》2019年第5期。

续表

维度	"双高计划"（高职）	"双一流"（本科）
师资能力	教育教学与专业技术实践双重能力	学术研究与理论创新能力
质量评价	就业质量、技术服务质量	学术影响力、科研贡献度
社会功能	产业升级的技术技能支撑	科技创新的源头供给
社会服务路径	面向中小微企业的技术赋能	面向国家战略的基础研究支撑
创新链定位	技术扩散（从 1 到 N）	原始创新（从 0 到 1）

值得关注的是，两类教育在人才培养规格上形成梯度衔接。部分应用型本科院校与高职院校合作开展"中高本贯通"培养项目，构建起技术技能人才成长立交桥。这种衔接机制打破了职业教育"断头路"的传统局限，为技术技能人才可持续发展提供了制度保障。

第二节　相关概念辨析

一、中部地区

中部地区的概念，是一个具有特定经济地理内涵的术语，它与我们通常所说的传统地理概念如"华中""华中地区"或"华中大区"有着明显的区别。这一提法主要聚焦于中国版图中部那些既不沿边也不沿海的省份，从而形成了一个独特的经济地理区域。具体来说，中部地区的范围涵盖了华北地区的山西，华中地区的河南、湖北、湖南，以及华东地区的安徽和江西这六个省份。这个区域的设定并非偶然，而是基于其在中国经济发展中的独特地位和潜力。中部地区地处内陆，拥有丰富的自然资源和人力资源，同时也是连接东西南北的重要交通枢纽。这些优势使得中部地区在推动中国经济整体发展中扮演着举足轻重的角色。中部地区的经济发展模式也呈现出其独特性。这一地区在保持传统优势产业的同时，也在积极寻求转型升级，发展新兴产业，努力打造具有地方特色的现代化经济体系。此外，中部地区还注重区域合作与协调发展，通过加强与其他地区的经贸往来和合作，实现资源共享、优势互补，共同推动中国经济的繁荣与发展。第七次全国人口普查结果显示，中部地区约占中国总人口的四分之一，人口密集、高校集聚，是我国重要的高等教育地区。武汉大学、华中科技大学、中南大学、国防科技大学、中国科学技术大学、郑州大学、湖南大学等 7 所高校入选世界一流大学建设高校，武汉理工大学、中南财经政法大学、中国地质大学（武汉）、华中农业大学、华中师范大学、湖南师范大学、安徽大学、太原理工大学、河南大学、南昌大学、合肥工业大学等 11 所高校入选世界一流学科建设高校。

《教育部 财政部 国家发展改革委关于深入推进世界一流大学和一流学科建设的若干意见》指出，要"着力解决'双一流'建设中仍然存在的高层次创新人才供给能力不足"等问题，"统筹国内外人才资源，创设具有国际竞争力和吸引力的高端平台、资源配置和环境氛围，集聚享誉全球的学术大师和服务国家需求的领军人才，为加快建设世界重要人才中心和创新高地提供有力支撑"。相较于北上广深等一线城市及东部地区的区位优势、经济实力、基础设施、教育投入等优良硬件环境①和西部地区国家政策的大力支持与倾斜，中部高校更是任重而道远，要打造一支高水平的师资队伍，培育、引进、留住人才，必须高度重视优质人才软环境的构建，对教育政策、观念、大学制度和大学管理模

---

① 周冲等：《人才硬环境与人才软环境比较研究》，载《商场现代化》2009 年第 5 期。

式、行为方式、校园文化等进行合理的配置与优化①，才能"栽得梧桐树，引来金凤凰"。正如有学者指出，高校的人才是候鸟，它需要基本的食粮，但更重视精神气候；越是高级人才，他们对这种精神气候的敏感性更强②。

二、软环境与硬环境

环境在辞典中的解释为：（1）周围的地方，如工作环境；（2）所处的情况和条件，如社会环境、宽松的环境等。环境是一个复杂且多维的概念，它涵盖了物质与非物质、自然与社会、生命与非生命体等多种要素。具体而言，环境不仅包括我们熟知的大气、水、土壤、植物、动物和微生物等物质因素，还涵盖了观念、制度、行为准则等非物质因素。这些因素共同构成了环境的丰富内涵，既有自然的成分，也有社会的元素。同时，环境并不是一个固定的概念，它相对于不同的主体而言，具有不同的内涵和外延。狭义上，环境主要指的是以人类为中心的自然环境，包括大气、水、土壤、岩石、动植物等，这些都是人类生存和发展的基础。而广义上，环境则包括了与人类主体相关的一切自然和社会环境要素，是一个更为宽泛的概念。因此，在理解和研究环境时，我们需要根据具体的主体和情境，全面考虑各种因素，以形成对环境的全面认识。本书探讨的环境定义，是指高校人才所处的各类情况和条件的综合。软环境与硬环境的概念在经济生产和社会生活领域中都被广泛运用。

（一）硬环境

硬环境作为经济和社会活动的基石，涵盖了众多物质条件和

① 杨旭：《高校实施人才强校战略中的软环境资源配置研究》，长安大学硕士学位论文，2010 年。

② 戴联荣：《大学生态的评价理念》，载《高等教育研究》2005 年第 6 期。

有形条件的总和。大致可划分为三大类别。首先，是为生产活动提供支撑的公共设施，这些设施在我们的日常生活中无处不在，它们涵盖了通信网络、交通系统、供水供电供气等基础服务，为生产活动提供了必要的物质保障。其次，是为居民生活提供便利的公共设施，这些设施涉及我们的衣食住行各个方面。从医疗卫生设施到公园娱乐设施，从旅游风景到城市绿化，再到政府提供的各类商业和饮食服务，它们共同构成了我们生活中的硬环境，提升了居民的生活质量。最后，是为要素发展服务的公共设施，这些设施着眼于长远，为社会的可持续发展提供了有力支撑。免费的幼儿教育和基础教育、专业的教育服务、养老和丧葬设施，以及为要素交易和流动提供的各类市场，如产权市场、科技与企业家人才市场、劳务市场、不动产市场等，它们共同促进了社会资源的优化配置和高效利用。

此外，硬环境还包括由非公共产品形成的部分，这部分环境主要是指不能由政府直接提供的、对地区经济发展具有重要影响的物质环境。这包括了丰富的自然资源环境和活跃的市场环境，它们为地区经济的持续发展提供了强大的物质基础和市场动力。综上所述，硬环境作为经济和社会发展的重要支撑，其涵盖的内容广泛而深入。无论是为生产、生活还是要素发展服务的公共设施，还是由非公共产品形成的物质环境，它们都在不同程度上影响着我们的经济和社会活动，共同构成了我们生活的硬环境。

（二）软环境

软环境，相较于硬环境，是一个涵盖更为广泛的概念。它指的是那些非物质性、非物质条件的总和，包括政策导向、文化底蕴、制度框架、法律体系以及思想观念等外部要素。加强软环境建设对于全面提升综合服务能力具有重要意义。软环境所涉内容极为丰富，凡是超出经济发展中的物质技术条件和自然地理范畴的因素，均可归入软环境的范畴。其中涵盖了社会制度、法律规章、经济体系、政策法规、管理架构、人文气息、社会安定以及行政效率等多个方面。不仅如此，软环境还反映了一个地区市场发育的成熟度、经济竞争的实力、对外开放的广度、政府治理的水平以及社会文明的进步状态。随着社会的不断进步和时代的快速发展，这些非物质性因素也会不断演变、完善，进而推动经济和社会的持续进步。这一过程，正是我们所说的软环境建设。它不仅仅是一个概念上的提升，更是实际工作中的重要内容，对于推动社会的全面、协调、可持续发展具有不可替代的作用。

软环境，这一概念不仅仅局限于主体之外的一系列环境因素的简单累加，更涵盖了主体与这些环境因素之间复杂而微妙的互动过程。从静态的视角审视，软环境代表着那些主体能够主动接触并对主体行为产生显著影响的多种因素的总和。然而，当我们从动态的维度去观察，软环境的内涵便变得更为丰富和生动。当主体积极介入并与环境因素产生互动时，这种动态的交往过程便构成了软环境的核心要素。

软环境与硬环境，这两者既相互对立又相互依存，它们互为前提，共同作用于个体的存在与发展。硬环境为软环境提供了物质基础与支撑，而软环境则赋予硬环境以生命与活力。如果没有硬环境，软环境便失去了存在的土壤；而若缺乏软环境，硬环境则只是冰冷的、无人参与的物质堆砌。在经济社会活动中，软硬环境需相得益彰，才能发挥出最大的效用。因此，我们可以说，硬环境是软环境的基石，而软环境则是硬环境的灵魂与动力。两者相辅相成，共同推动着经济社会的发展与进步。

三、高校软环境

大学组织可以被视作一个"松散的联结体系"，其内部呈现出一种"有序中的无序状态"。这种特性源自大学组织与企业组织在任务、目标、权力配置和层级结构等方面的显著差异。因此，我们不能简单地将工商业的管理和经营理念套用于大学组织的管理上。大学组织具有其独特的管理需求和方法，需要采用更加灵活、开放和包容的管理方式，以适应其独特的组织特性和发展要求。只有这样，才能更好地发挥大学组织的优势，推动其持续、健康、稳定发展。从这个意义上说，高校内部的软环境有其独有的特征，并不完全等同于经济社会发展、政府行政与企业管理中的软环境概念。

最早提出高校软环境的是张如山在 2002 年发表的《高校软环境建设探讨》一文。他认为高校软环境就是在高校内部关于人的环境，是处理人与人之间关系的环境。因此，软环境的建设具有较大的弹性。他认为大学软环境又分为有形环境和无形环境，所谓有形环境，就是制度文件规定的环境；所谓无形环境，就是没有制度文件规定的环境。这种观念强调了人的主观能动性对软环境的作用，但是也在某种程度上忽视了整个系统对高校软环境的共同作用。

也有学者从高校内部软硬环境的比较分析角度来阐明软环境的概念。他们认为高校软环境是与硬环境相对应的一个概念，两者不仅形式不同，而且在内涵上也有着显著区别。硬环境，作为学校发展的基石，指的是那些构成大学办学物质基础的要素，如师资队伍的精良程度、土地的辽阔与否、校舍的完善程度、设备的先进性以及学科平台的搭建水平等。这些硬件条件的完善，为大学提供了稳定的教育教学和研究基础，是学校发展的必要前提。而软环境则是决定和影响高校生存与发展质量的关键因素，它涵盖了社会、人文氛围等多方面的综合因素。其中，学术结构的合理性、办学质量的优劣、管理水平的高低等因素，共同构成了高校的软环境。这些软性因素不仅影响着学校的声誉和地位，更直接关系到学校的核心竞争力和长远发展。因此，硬环境和软环境在高校的发展中都扮演着不可或缺的角色。硬环境为学校的办学提供了物质基础，而软环境则为学校的生存与发展提供了精神动力和智力支持。二者相辅相成，共同推动着高校不断向前发展。

大学软环境，具有十分丰富的内涵。有不少学者将大学视为同一整体，对大学软环境的概念进行概括性的论述，他们认为：大学的软环境是指一所大学的整体精神和风貌，是一所大学的内在品质。软环境是指作为大学有机组成部分的精神方面，如大学理念，大学宗旨，大学传统，学风、教风、校风等（陈文博，2002）。

更多的也有从德育、人才培养、教师发展等多个不同的角度，来解释、研究高校的不同软环境。如：学校软环境是指教育氛围中具有代表性的对人才培养起主导作用的教师活动、文化价值及校园精神（黄步军，2005）；康齐力、董永祥《影响高校德育软环境的因素分析》等一系列研究。对于人才工作来说，高校内部良好的软环境主要包括健康的校园文化、和谐的人际关系、科学的人才政策、民主的管理模式等（吕保华，2016）。

根据上述关于软环境概念中，强调主体与客体的动态定义来看，这种对多元主体进行的分类研究，相对更有针对性，在概念的界定与适用范围上也更为准确。

四、高校人才软环境

才与其所处环境之间存在着密切的互动关系，它们既相互制约，又相互促进，无法分割。从环境的社会功能出发，我们可以将人才生态环境划分为硬环境和软环境两大类别（周冲，2009）。硬环境指的是那些构成人才生态环境的所有有形实体，即我们通常所提及的硬件条件。这主要体现在地域的优越位置、强大的经济实力、合理的经济结构、完善的基础设施、领先的科技水平、充足的教育投入以及劳动力市场的资源共享等外在表现上，而人才软环境则是指那些构成人才生态环境的一切无形的因素。它主要展现了一个地方深厚的文化底蕴、独特的文化观念形态以及公众的高尚思想境界、卓越精神品格和修养品位等内在潜力。

此外，也有研究从制度理论的视角出发，指出高校人才软环境实际上是高校内部那些影响人才发展和发挥作用的制度环境、文化环境与服务环境等要素的综合系统。其中，文化环境被视为灵魂，制度环境被视为关键，而服务环境则被视为保障。（王一宁，2012）这些环境因素共同构成了高校人才发展的软环境基础，为人才的成长和发挥提供了有力的支撑。

在大学之中，人才的软环境不仅代表着一所大学的整体精神风貌，更彰显着其独特的内在品质。这种品质深深地烙印在大学的观念、制度和文化等多个层面，构成了人才成长的重要土壤。对于高校而言，构建良好的人才软环境，就是在自我建设的道路上，对教育政策、办学理念、大学制度、管理模式、行为准则以及校园文化等多方面进行精心配置和优化，从而打造出一个更加和谐、高效的教育生态环境。（杨旭，2010）

正如有学者所指出，高校的人才如同候鸟一般，他们固然需要基本的生活保障，但更为珍视的却是那种独特的精神气候。尤其是那些高级人才，他们对于这种精神气候的敏感性更为强烈，往往能在其中找到归属感和成就感（戴联学，2005）。因此，对于高校而言，营造一种积极向上、充满创新活力的精神气候，无疑是吸引和留住人才的关键所在。对于行为主体来说，"软环境"在其形成、作用的过程中，在一定程度上依赖主体的某种"主动"介入，从而形成主、客体之间的"交往互动"。对于高校教师这个主体来说，软环境一般包括一所高校在价值层面、制度层面和实践层面与之的交往互动，如：在教育理念、教育价值上达成共识；健康和谐的校园文化；以人为本的大学制度与民主管理；卓有成效的改革与实践等。通俗说来，就是要在校内营造一个宽松、和谐的工作氛围，充分发挥各类人才的积极性和创造性，形成一个人人想干事，人人想出成绩，适合于各类人才成长的良好环境（骆腾，2006）。

正如前文所述，主、客体的相互作用，互相交往，共同构成了软环境的核心概念。从这个意义上来说，高校人才的软环境应该是主、客体互相作用的，是多元化的，从逻辑体系上来说，它应包含：精神理念层面、政策制度层面和实践活动层面。一般而言，高校人才软环境指的是一所高校在价值层面、制度层面和实践层面跟教师、人才队伍之间的交往互动。

高校对人才培养的价值判断与追求，体现在高校的人才观上；高校受到内外系统影响而形成的人才制度体系，则反映了应然层面和架构层面的人才制度设计；而与高校人才相关的校园文化，则能够充分体现长期以来，高校人才队伍建设在价值与制度方面的实践效能，反映出应然与实然之间的动态作用。因此，本书将主要从中部高校与东部、沿海发达地区或政治中心地区高校的人才观、人才相关制度建设和人才相关的校园文化三个维度来进行比较分析，辨析中部高校相较于其他地区高校，在人才队伍建设，高水平师资引育等方面所存在的问题，系统剖析中部高校目前人才软环境的尴尬现状。

第三节　人才竞争分析

一、"双一流"建设对人才竞争提出的新挑战

（一）对于高层次人才的需求更加迫切

当前，"双一流"建设正处在一个持续调整与完善的阶段，全国各大高校纷纷整合各类资源，力求实现更为卓越的发展，坚定地迈向既定的建设目标。在这一过程中，为了进一步提升学科

建设的核心竞争力，优化师资结构，各大高校纷纷将目光投向了海内外的高层次人才，将其视为增强师资力量的重要砝码。海内外高层次人才，作为各大高校竞相追逐的对象，其引进工作呈现出鲜明的特点：国内高校积极从海外引进优秀人才，西部地区高校则从东部地区引进，实力相对较弱的高校则努力从实力雄厚的高校中吸引人才。尽管各高校引进高层次人才的目标一致，但由于各自实力的差异，所提供的资源和条件也不尽相同。

鉴于海内外高层次人才的数量有限，各大高校在引进人才方面形成了一种竞争态势，构建了一个人才竞争市场。在这个市场中，高层次人才作为供给侧的重要角色，既是各大高校竞相追逐的对象，也扮演着稀缺资源的角色。因此，从供给侧改革的视角出发，深入探讨"双一流"建设中师资发展的问题，特别是高层次人才的引进与培育，对于有效吸引和留住高层次人才、促进高等教育公平发展以及推动"双一流"建设具有重要意义。高层次人才通常具备国际化的视野、系统的科研训练以及深厚的知识积累，他们在所属学科领域有着深入的研究，具备科学研究的潜力和耐心。这些人才不仅能够在学科建设中发挥重要作用，推动学科向更高水平发展，还能够根据学生的实际情况进行有针对性的指导，对学生的思维创新、科技实践能力的提升产生显著影响。

为了实现大学的升级与一流创建，必须加快培养和引进一批顶尖的科学家、学科领军人物及团队，吸引世界各地的优秀人才，充分发挥高层次人才在学科建设等多个领域的引领和支撑作用。推进"双一流"建设进程、早日实现建设目标，离不开高层次人才的支持。在"双一流"建设的要求下，应高度重视高层次人才队伍的建设，将其作为提升学校整体实力和影响力的重要途径。由于高层次人才的稀缺性和珍贵性，各高校在人才引进方面展开了激烈的竞争。为了吸引那些成就突出、技能高超、水平一流的人才投身于高校建设，各地、各高校根据自身实际情况，为高层次人才提供了不同的薪资待遇和优厚条件。这一举措旨在通过优化人才环境，为高层次人才提供更好的发展平台和空间，进而推动高校的整体发展和提升。

（二）高校高层次人才引进不平衡加剧

1. 供需失衡，高层次人才"溢价"严重

从供给侧观察，高层次人才供给与"双一流"高校之间的需求矛盾越发突出。高层次人才的稀缺性导致其"身价"不断上涨，呈现出显著的溢价现象。在引进高层次人才方面，不同区域的高校虽在标准上大体一致，但受限于各自政策，待遇上却存在显著差异。一些地区的高校因交通、经济、科研等方面的劣势，会加大引进力度，通过提升科研设备、经费支持和人员配备等福利待遇来吸引人才。同时，许多高校出于人文关怀，努力为高层次人才解决子女教育、配偶工作、住房等后顾之忧，以增强吸引力。然而，普通院校往往难以提供如此优厚的条件。

2. 地区不平衡，人才流失现象严重

东部高校长期占据我国人才资源的优势地位。根据 ARWU2021 年的数据，国内顶尖 30 所高校中，西部地区高校仅占 3 席，而在全国前 10 名的高校中，两院院士的数量更是占据了全国普通高校院士总数的半壁江山。高水平人才的聚集现象，即"马太效应"愈发显著。在"双一流"建设名单中，东部地区的学校占据了高达 66% 的比例。鉴于学科建设的核心目标，构建一支高水平的人才队伍显得尤为关键。东部高校频频向西部高校伸出橄榄枝，吸引人才，这导致"孔雀东南飞"的现象屡见不鲜。众多在西部取得杰出成就的学科领军人才或有潜力的青年学者，选择前往东部高校发展，这无疑对西部高校的可持续发展构成了不小的挑战。东部地区凭借强大的经济实力、优越的生活条

件、便捷的交通网络以及丰富的教育资源，如果再配合相应的人才引进薪酬，其对西部人才的吸引力将更加显著。这很可能引发新一轮的高层次人才流失，进一步加剧地区间发展的不平衡与不充分。

3. 海内外不平衡，供需双方匹配度不高

海外高层次人才的加入，对于推动学科进步和引领高校发展具有显著作用，能够促使学科在短时间内实现质的飞跃，从而有效增强高校的核心竞争力。近年来，随着高校海外合作项目的不断拓展，越来越多的留学人员选择回国发展。这些人才在发达国家接受了更为前沿的教育，参与了高水平的科研项目，取得了在理论创新和技术转化方面的显著成果。尽管部分国外高校的科研设施和环境相对国内更为完善，但仍有不少海外人才在接到国内高校的邀请时表现出一定的犹豫。为了吸引这些高层次人才，各相关部门已经出台了众多激励政策。然而，由于部分海外人才对国内高校的具体情况和环境不够了解，他们在回国后对于科研发展、岗位晋升以及家属生活等方面仍存在一定的顾虑。

（三）破五唯①，高层次人才评价体系更加科学

在双一流建设的监测指标体系中，我们欣喜地看到，高层次人才的"帽子"已不再作为单一的考核指标。这一变革，无疑是高等教育评价体系的一次重要进步。现在，我们更加注重的是那些能够真实反映人才实力与贡献的标志性成果，如国家级项目的完成情况、重要学术代表性成果的产出等。这样的改变，对于"破五唯"的高等教育发展导向起到了重要的引导作用，促使我们不再过分依赖头衔和荣誉来评价一个人才的水平，而是更加看重他们的实际成果和对学术界的贡献。

---

① 破五唯具体指：唯论文、唯帽子、唯职称、唯学历、唯奖项。

这一变革，不仅有利于建立更加科学、公正的高层次人才评价体系，还能够激发更多人才在学术研究中发挥创新精神，产出更多高质量的成果。同时，对于高层次人才的考核，也不再仅仅局限于个人的考核评价，而是更加注重他们带领团队创新的能力。新的"双一流"监测指标明确要求各学科凝练学科方向，每个方向都要有明确的学科带头人，以及五名学术骨干的配备。这样的要求，不仅体现了对学科带头人的高度重视，也强调了团队整体实力的提升。在学科带头人方面，除了要求他们具备重要的学术成果和影响力外，还要能够带领团队在学科方向上取得突破性的进展。而对于学术团队的其他成员，则要求他们能够与学科带头人紧密合作，齐头并进，共同推动学科的发展。这样的评价方式，更加符合高层次人才的特点和使命，能够充分发挥团队优势，推动学科的整体进步。

二、人才竞争更趋向白热化，各省出台人才政策延揽人才

三部委联合印发文件，标志着新一轮"双一流"建设的正式启动，此举将更加聚焦于培养一流人才，以更好地服务于国家战略需求。各地纷纷加大揽才力度，新政不断出台，预示着新一轮"双一流"建设中，各省高校间的人才竞争将更加白热化，高层次人才的引进工作将面临前所未有的挑战。

陕西省积极实施八大创新工程，以推动创新驱动发展为核心。其中，建设国家（西部）科技创新中心是重要一环，旨在掌握一批具有自主知识产权的关键核心技术，并培育出一批引领产业变革的龙头企业。同时，通过形成两个万亿级产业集群和壮大一批千亿级产业集群，以及建设高水平创新型园区，高质量发展提供了坚实支撑。广东省广州市的科技创新"十四五"规划已正式公布，该规划明确了集聚一批具有国际水平的战略科技人

才、科技领军人才和青年科技人才的目标，并计划引进海外人才数达 1.8 万人。此外，每万名从业人员中从事 R&D 研究人员的比重将达到 150 人年/万人，体现了对科研人才的高度重视。[①] 云南省实施了"兴滇英才支持计划"，对引进的高层次人才提供最高 100 万元的补贴。同时，入选该计划的人才申报的项目支持经费最高可达 1 000 万元，顶尖团队项目支持经费更是高达 3 000 万元。对于在滇工作并入选国家级人才项目、获得国家级奖励的人才，最高可获得 500 万元的奖励。

福建省发布了《厦门市高层次人才评价认定标准（2022 年版）》，该标准降低了企业人才年薪标准，并放宽了人才申请认定的年龄门槛，扩大了高层次人才的认定范畴。这些措施旨在鼓励人才企业成长为国家级高新技术领军企业。江苏省靖江市在引进教育人才方面下了大力气，为每位引进的教育人才提供最高 100 万元的安家补贴。对于特别优秀的教育人才，更是采用"一事一议""一人一策"的方式确定协议年薪，充分展示了靖江市对教育人才的重视和诚意。四川成都高新区面向全球招募领军人才，旨在解决核心技术"卡脖子"问题。为此，该区设立了 20 亿元的专项资金，从支持引进急需科技创新领军人才、产业创新领军人才以及建立"一对一"配套服务机制等方面发力，以加快聚集领军人才。北京"两区"在引进境外人才方面开了绿灯，支持更多国内外专业人员来京创新创业。这一举措从单项政策突破向全链条、全环节集成创新转变，聚焦科技创新、数字经济、生物医药、金融等重点领域，探索全产业链开放。湖南省致力于打造国家重要人才中心和创新高地，谱写新时代"惟楚有材，于斯为盛"的崭新篇章。该省通过一系列措施吸引和培育高层次人

---

① 《广东省人民政府关于印发广东省科技创新"十四五"规划的通知》，广东省人民政府，2021 年 10 月 13 日，http://www.gd.gov.cn/zwgk/wjk/qbwj/yf/content/post_3574221.html。

为经济社会的发展提供了强有力的人才保障。浙江省对符合条件的人才提供最高 500 万元的房票补贴，并对引进的教育、卫生等社会事业领域的特别优秀的紧缺高端人才实行"一人一策"。这一政策旨在吸引更多优秀人才来浙江发展，为该省的经济社会发展注入新的活力。山东青岛崂山区为高层次人才企业提供"金融体检"服务，组织金融专家团队深入企业，为高层次人才领办企业提供专业化金融指导。这一举措有助于解决企业在发展过程中的金融难题，推动高层次人才企业的健康发展。重庆西部（重庆）科学城推出了"金凤凰人才码"，将分散在各部门、多个窗口的业务整合在一起，实现人才信息一次收集、人才身份自动认定、人才政策自动匹配等功能。通过人才服务专员提供"一对一、代理办、陪同办"服务模式，不断提升人才办事的便捷性和体验感。山西省计划投入 1 亿元人才专项资金，用于靶向引进"高精尖"人才和优秀青年人才。同时，该省还开展了本土人才提升行动，培养教育、公共卫生、中医药等领域的高层次人才，并选树"晋阳工匠"，为山西省的经济社会发展提供有力的人才支撑。

自 2017 年以来，人才竞争出现了"恶性竞争"的现象，不仅加剧了人才市场的混乱，也给高校的财政带来了巨大压力。因此，如何在新一轮"双一流"建设中实现人才的合理引进和有效利用，成为了各高校需要认真思考和解决的问题。

国家出台相关政策调控，比如严禁东部高校到中西部和东北地区挖掘长江学者等高层次人才，但难以阻挡中西部人才流失状况，人才的合理有序流动对于高等教育发展是有利的，但是过度的人才流失会对中西部省份的高等教育事业带来致命打击。

三、从国家和高校层面，人才培育都将被提上新高度

高层次人才的内部供给主要依赖于高校自身的人才培养机

制。为满足高校自身发展及学科人才的需求，高校会通过多种方式和途径选拔优秀师生，经过系统的成长体系培养以及国内外学习经历，最终将他们培育成高校所需的高层次人才。这种内部供给方式具有明确的目的性，能够精准匹配所需学科的人才。

然而，在高层次人才的内部培养过程中，也存在一些不足之处。首先，高层次人才的培养周期相对较长，见效较慢。高层次人才的成长和成熟需要经历一个漫长的过程，并且需要特定的天赋和特质。这种"紧缺稀有"的特性决定了高层次人才的数量相对较少。从选拔对象到培养成果的产生，时间间隔较长，存在一定的滞后效应。同时，一流学科建设的形势在不断向国际前沿发展，人才培养的目标和方式也需随之变化，这种变动性可能导致后期人才培养的类型与需求不匹配。其次，高层次人才的培养成本较高，投入较大。这些成本主要包括人员的学习经费、科研投入以及生活补助等。在当前阶段，高层次人才往往经过国内外联合培养产生，本科阶段在国内高校学习，研究生阶段则送往国外高校深造。高校需要承担这些学习期间的所有费用，长期的学习过程自然会产生较高的成本。

尽管在高层次人才内部供给上的人才培养存在一些不足，但各高校在高层次人才培养方面仍然发挥了重要作用。特别是"双一流"建设高校，其高质量的本科人才培养为高层次人才的培育奠定了坚实的基础。

（一）优化人才引进机制，构筑高效人才库

统计数据清晰显示，很多优秀人才是在"双一流"高校完成本科教育后，选择前往国外继续深造，攻读研究生学位乃至更高层次的学术研究。针对这一趋势，构建人才库显得尤为重要。人才库的建立旨在系统整理并跟踪本校赴海外学习的人才信息，形成一个全面、细致的数据库。通过这一数据库，我们能够详细掌握这些人才的学科专业、导师情况，以及他们的研究方向和取

得的学术成果。这不仅有助于高校动态把握各年龄段海外人才的学习状态和发展趋势，更能够为高校在未来的人才引进工作中提供有力的数据支持。在长期的跟进、交流与沟通中，高校能够结合自身的实际需求，主动出击，把握引进海外留学人才的主动权。毕竟，这些海外人才对母校往往怀有深厚的文化认同和情感归属，更容易接受学校的邀请。通过优化人才引进机制，提升引进成功率，我们才能够确保这些宝贵的海外人才不仅能够"留得住"，更能够"用得好"，为高校的长期发展贡献智慧和力量。

（二）加大"走出去"力度，强化青年教师梯队建设

在提升高校高层次人才供给质量的过程中，高校不仅要坚持引进优秀人才，更应积极实施"走出去"战略，提升教师团队的国际化水平。关于教师出国访学的政策，应在原有基础上进一步放宽限制，提高灵活性。出国访学不仅限于国家项目的委派，还应鼓励教师自主申请，通过网络平台联系国外导师，开展学术合作与交流。当前，多数高校已建立了海内外高校交流合作项目，这些项目为教师提供了宝贵的国际化学习机会。同时，海内外联合培养办学模式也应成为主要途径，以鼓励教师主动与海外知名学者建立联系，申请跟随其学习。特别要支持一批语言能力强、科研潜力大、视野开阔的青年教师，前往海外进行短期的深造实践。通过与顶尖学者的合作研究，教师们能够极大地丰富自己的知识体系，提高科技创新能力，从而为高校学科建设提供坚实的人才保障。通过这样的"走出去"战略，我们不仅能够拓宽教师的国际视野，提升他们的专业素养，还能够为高校的长远发展储备一批优秀的青年教师，形成结构合理、充满活力的教师梯队。

（三）完善人才评价机制，优化投入产出效益

在人才引进和培养的过程中，高校时常面临着不确定性。尽

管有时投入巨资引进和培育人才，但最终的绩效成果却未必如人意，难以达到预期目标。部分高校以高薪聘请国内外知名专家、学者担任要职、承担研究任务，然而结果却不尽如人意，导致经费损失。因此，高校迫切需要构建一套完善且合理的人才评价机制，对高层次人才进行精准、有效的绩效评估，从而提高人才投入产出的效益。这一机制应当科学、健全，包括科研贡献度、目标达成度、创新能力等多元化的考评指标，以实现对高层次人才的全面、客观评价。人才评价机制的完善，不仅有助于高校构建有序的人才流动机制，促进高层次人才与学校的深度融合；还能推动形成有效的人才竞争环境，将评价与选聘、成果与奖励紧密结合，增强高层次人才的危机意识，激发其科研主动性。这样，高校便能更好地实现引进人才的初衷，为学校的长远发展奠定坚实的人才基础。

中部高校人才现状

第一节　中部高校人才引进现状分析

人才引进是高校人才强校战略的基础性工程，特别是在"双一流"实施背景下，人才作为重要的战略资源，各大高校对其十分重视并采取各种措施"争抢"。全国范围内出现"东强西弱，中部塌陷"的状况，中部地区高校在人才引进环节明显弱于东部地区，甚至在某些学科领域出现了引才不如西部的状况。

一、中部高校青年教师引进现状

（一）高校青年人才发展的特点

高校青年人才，作为一群充满活力、创造力且具备深厚专业底蕴的精英，他们在当今"双一流"建设日益深入的背景下，队伍规模正不断扩大。青年人才的发展，无疑是推动高校科研力量持续进步的重要驱动力。作为国家科教事业未来的支柱和希望，高校青年人才的发展不仅具有潜在的衰变性，更展现出可持续发展的巨大价值。他们的成长与进步，不仅关乎个人职业生涯的辉煌，更直接关系到国家科教事业的繁荣与发展。应充分认识和珍视高校青年人才的独特价值，积极为他们创造良好的发展环境，促进他们的全面成长，为国家的科教事业贡献更多的智慧和力量。

1. 青年人才的成长具有鲜明的衰变性特征

随着科技的日新月异，青年人才所掌握的专业知识必须不断更新与扩充，博士阶段的学习仅仅是他们学术生涯的起点。学校教育并非教育的终点，过去的成就只是暂时的，未来社会更是一个持续学习的社会。进入工作岗位后，学习与工作紧密相连，相互渗透。只有持续不断地学习，更新自身的知识结构和体系，青年人才才能保持竞争优势，在激烈的竞争中脱颖而出。高校青年人才在教学科研中发挥作用的大小和持续时间，不仅受到他们自身的自我要求、学习能力和适应能力的影响，还受到所在高校的政策、文化、制度和教学科研平台等多重因素的制约。如果青年人才无法迅速适应新的教学科研环境，对融入新团队中遇到的问题不能作出及时有效的调整和解决，也不积极获取新知识，那么他们的学术产出和创新能力可能会逐渐衰退，甚至面临江郎才尽的困境，造成宝贵人才资源的浪费。因此，高校和青年人才自身都应充分认识到这一点，采取有效措施来应对这种衰变性，确保青年人才的持续发展和高校的长期竞争力。

2. 青年人才的价值倍增效应

青年人才正值科研创造力的高峰前期，他们不仅拥有强烈的合作与竞争意识，还展现出出色的自律和抗压能力。同时，他们凭借扎实的专业知识、卓越的学习能力和创新能力，蕴藏着巨大的潜力。若能得到学术带头人的悉心指导和有效培养，将能够进一步拓宽他们的学术视野，深化专业知识，并促进不同学科知识的融合。这样，青年人才的创新创造潜能将得到最大限度的发挥，他们所蕴含的价值将随着时间的推移不断积累、延续和增强。在相同的时间里，青年人才所创造的价值将远超一般人力资源，可能是十几倍甚至几十倍，其价值无可比拟。高校人才的可持续发展，不仅要满足当前社会的需求，更要不断提升青年人才的能力，使之与社会同步发展，具备可持续发展的能力。这样，青年人才的价值将实现倍加性增长，进而推动学科和学校的发展，为社会的进步和繁荣作出更大贡献。

（二）"双一流"建设对青年人才提出的新要求

在"双一流"建设的大潮中，高校青年人才的职业生涯如何实现跨越式、可持续性的发展，成为摆在我们面前的重要课题。这一目标的实现，既需要青年人才自身的勤奋努力，也离不开外部环境的支持和助力。同时，其发展的维度更应顺应未来学科建设的主流趋势，即"大平台、大团队、大成果"的模式。对于中部高校而言，尽管地域特色各异，但在"双一流"建设的大背景下，对青年人才发展的要求却具有共性。

首先，跨学科复合性是当今青年人才必备的素质。新经济时代以新技术、新产业、新业态、新模式为标志，正以前所未有的速度蓬勃发展。这一变革的背后，离不开跨学科的深度融合与创新。高校"双一流"建设也越发重视大学科的发展，跨学科复合型人才已成为推动科技创新的核心力量。因此，高校青年人才不仅需要掌握扎实的专业知识，还需具备跨学科研究的思维方式，以更全面地认识世界、揭示规律。这种能力对于青年人才在"双一流"建设背景下的可持续发展至关重要。

其次，团队协作能力也是不可或缺的一环。随着科学研究领域的不断拓展和深化，多学科、多领域的交叉融合已成为必然趋势。这使得科研工作的复杂性和艰巨性日益增加，更加依赖大团队合作和跨领域人才的联合攻关。高校青年人才在进行学科交叉研究和交叉学科教学时，应加强团队意识、培养协作精神、提升团队协作能力，以充分发挥个人潜能，推动学科和学校的整体发展。

最后，具备较强的国际视野对于高校青年人才来说同样重要。尽管我国大学经过数十年的建设，整体实力已得到显著提升，但在国际视野方面仍存在较大差距。"双一流"建设以提升学科和高校的国际竞争力为目标，这就要求青年人才必须具备开阔的国际视野和跨文化的交流能力。通过拓宽国际视野、培养具有中国元素的国际竞争力人才，我们可以更好地引领和主导科学前沿的国际化发展。

（三）中部高校引进青年人才的困境

1. 中部高校青年人才引进条件"先天不足"

受经济条件及地域所限，中部高校在青年人才的引进上确实存在先天不足的情况。这种不足源于多个方面，不仅涉及经济资源和地域优势，还关联到高等教育体系的整体发展。目前，我国中部地区与东部地区高校之间的差距是多维度的，其中包括管理体制、考核制度以及激励制度等方面的显著差异。中部地区在高等教育领域的转型步伐相对缓慢，缺乏足够的创新活力，这在很大程度上削弱了其对青年人才的吸引力。相比之下，东部地区的高校则享有更多的教育资源、资金投入和政策支持，这使得它们在吸引人才方面具有天然的优势。发达城市之所以能够成为人才流入的热门选择，关键在于它们能为人才提供广阔的发展平台。这些城市不仅自然环境优越、经济发展前景广阔，而且在高校人才培养、管理、考核等方面拥有更为先进和完善的制度体系。这些制度不仅为人才的成长提供了有力保障，还为他们创造了更多的发展机会。然而，中部地区在制度、个人待遇、发展前景以及整体环境等方面与北、上、广等发达地区存在明显的差距。这种差距不仅增加了中部高校引进青年人才的难度，还使得它们在与其他地区高校竞争时处于不利地位。在同等条件下，东部地区的高校往往能够更轻松地吸引到优秀的青年人才，而中部地区的高校则需要付出更多的努力和资源来弥补这些不足。

2. 青年人才引进的顶层设计和科学规划不足

为了在"双一流"建设中迈向高水平大学的行列，中部地区部分高校试图通过迅速扩充高层次人才库来提升自身实力。然而，这种片面追求人才数量的做法，往往忽视了人才引进的顶层设计和科学规划，导致师资队伍结构失衡，长远来看，将严重制约学校的全面发展。同时，如果高校在引进人才时未能充分考虑人才培养、专业建设和科学研究的实际需求，那么引进的人才将难以发挥其应有的价值，进而造成人力资源的浪费。因此，高校在引进青年人才时，必须强化顶层设计和科学规划，紧密结合自身的办学特色和实际需求，以提升办学质量为核心目标，以促进师资队伍的健康可持续发展为根本宗旨。具体而言，高校应立足于学校学科建设的实际状况和长远发展需要，有针对性地引进那些对学校事业发展具有迫切需求的专业人才，确保人才引进工作既符合学校的发展战略，又能有效推动学校的整体进步。

3. 中部高校人文环境与学术氛围有待进一步优化

中部高校在人才引进与培养过程中，人文环境与学术氛围的优化显得尤为关键。这些要素不仅是人才选择并扎根高校的基石，更是他们成长与发展的土壤。高校的办学理念、管理体制以及所营造的人文环境和学术氛围，无一不对引进人才的后续发展产生深远影响。青年人才的特质往往与其所处的环境紧密相连，其中，人文精神在很大程度上决定了他们在科学探索道路上所能达到的高度。在"双一流"建设的大科学时代，我们更需要构建一个团结、进取、创新、良性竞争的人文环境，促进不同领域、不同行业的协同合作。一个良好的学术氛围，崇尚真理、淡泊名利、专心致研，将有助于青年人才塑造高尚的品德，增强他们的价值判断力和道德责任感。在这样的氛围下，青年人才能够摒弃追求名利的官本位思想，摒弃传统的、保守的、惰性的中庸价值观，减少功利文化对科学创新思想的束缚，从而更加专注于探索真理，发扬工匠精神。相较于京沪及经济发达地区的高校，中部高校在硬件竞争上可能处于劣势。因此，优化人文环境、形成尊重个性、张扬特长、激励创新、宽容失败的新风尚显得尤为重要。这样的环境将促使青年人才在弘扬奉献精神、助人为乐、诚信为本的氛围中不断成长，增强他们服务社会的意识。最终，这将有助于中部高校在有利于青年人才成长的人文环境和学术氛围中，形成人才济济、人尽其才、才尽其用的良好局面。

4. 中部高校在青年人才管理模式上缺乏创新

中部高校在青年人才管理模式上缺乏创新，这已成为制约其可持续发展的关键因素。随着"双一流"建设的持续推进，我们必须深刻认识到青年人才管理的重要性，并在实践中不断探索新的管理模式。首先，我们需要关注人才管理方式的与时俱进。随着青年人才的不断引进，传统的管理方式已难以满足新形势下的需求。因此，我们必须紧跟时代步伐，针对教研中出现的新问题，不仅要及时跟进解决，更要具备前瞻性思维，预见可能出现的问题，并提前制定对策，以避免问题的发生。其次，在人才管理模式上，我们需要更加注重人性化管理。这意味着要将人性化管理理念融入高校人才管理的各个环节，通过访谈、问卷调查等方式深入了解引进人才的发展状况，挖掘其背后的原因。同时，我们还要关注人才的差异性，尊重其主体性和能动性，力求在管理模式上实现新的突破。最后，提升管理的信息化水平也是至关重要的。随着高校人才引进规模的不断扩大，我们需要对人才大数据进行分析，探索青年人才在高校成长的规律，分析人才发展与成长环境之间的关联度。通过智能分析技术渗透到管理的各个环节，我们可以更加客观、科学地评价人才发展，为高校人才管理提供有力支持。

二、中部高校海外留学人才引进现状

海外人才是相对于国内人才而言，指具有海外学习、工作或生活背景的人力资源。[①] 具有两种明显属性：一是有海外的学习、工作或者生活经历；二是掌握某一领域的专业知识或者技能，能够进行创新创业活动。[②] 海外高层次留学人才人才是指公派或自费出国留学，从事科研、管理、金融等工作并取得杰出成绩，或为国内急需高级管理人才、高级技术人才等。[③]

（一）海外引才现状

自 20 世纪 80 年代启动"国家教委优秀年轻教师资金"项目以来，我国高度重视海外人才引进工作，不论是从中央层面还是从地方层面，都积极出台各项引智计划，鼓励在海外从事科研或者深造的优秀学者为国家服务。1998 年，教育部联合李嘉诚基金会，启动"长江学者奖励计划"，吸引了大量海外人才回国[④]。2003 年 12 月，党中央、国务院召开第一次全国人才工作会议，明确提出要大力开发人才资源，走人才强国之路，充分开发国内国际两种人才资源，努力把各类优秀人才集聚到党和国家各项事业中来。2008 年 12 月，中央人才协调小组出台我国首个国家级的海外人才引进政策——"海外高层次人才引进计划"，在此基

---

① 缪宇泉：《我国地方政府海外高层次人才引进对策研究》，南京大学硕士学位论文，2016 年。

② 张艺蕾：《高校海外学术人才引进的科研产出效应——以"211"大学引进海外青年学术人才为例》，大连理工大学硕士学位论文，2020 年。

③ 人事部、教育部、科技部、财政部：《关于留学人才引进工作中界定海外高层次留学人才的指导意见》，2005 年 4 月。

④ 据统计，截至 2008 年，共有 115 所高等学校聘任长江学者 1 308 人，其中特聘教授 905 人，讲座教授 403 人特聘教授中，90% 以上具有海外留学或者工作经历，讲座教授全部从海外招聘。

础上，又出台"青年海外高层次人才引进计划"①。后期又相继出台"万人计划""111 计划"等，重点吸引海外人才。各地也纷纷响应国家号召，出台各类引才计划，如上海 2005 年制定《鼓励留学人员来上海工作和创业的若干规定》，并实施"浦江人才计划""万名海外留学人才聚集工程"等专项人才工程。②广州 2008 年出台《关于鼓励海外高层次人才来穗创业和工作的办法》，并于 2009 年挂牌"广州海外人才服务管理中心"。2009年湖北出台《湖北省引进海外高层次人才实施办法》，实施"百人计划"③。一系列制度的出台，掀起了我国引进高水平海外人才的热潮。

《福布斯》杂志和外联出国顾问集团联合发布的一份报告显示，中国已成为规模不断扩大的人才库，2016 年约 80% 的海外留学生在完成学业后回到中国，而在 2008 年这一比例仅为34%。④ 随着国际人才市场一体化的不断深入，中国全面参与全球人力资源竞争和配置成为不可逆转的趋势。作为海外招聘最大的平台和市场，美国社会科学联合会（Allied Social Science Associations）年会是经济学人才引进最重要的渠道，其官方刊物《经济学家就业》（Job Openings for Economists）几乎囊括了所有经济学领域海外人才的招聘信息。通过 AEA 网站可查近十年国内引才单位数量变化统计，从图 2-1 可以明显看出国内对于海

---

① 面向自然科学领域和工程领域，引进一批在国外知名大学获得博士学位，并在国外知名大学、研究机构或知名企业研究机构的正式教学或科研岗位上有 3 年以上学术工作经验的 40 岁以下人员。
② 2016 年该文件已被修订，新文件名称为《上海市人民政府关于印发修订后的〈鼓励留学人员来上海工作和创业的若干规定〉的通知》。
③ 用 5~10 年时间，重点围绕湖北省优先发展的装备制造业、高新技术产业、新材料、农产品加工、现代物流等领域，依托高等院校、科研院所、重大科技专项、重点实验室、大中型企业、金融机构以及各类开发区等，引进 200 名左右我省紧缺的高层次海外创新创业人才（其中创业人才不低于 50%），为把湖北建成促进中部地区崛起重要战略支点提供人才保证和智力支持。从 2009 年起用 5 年左右时间，先期重点引进 100 名左右海外高层次急需紧缺人才。
④ 《中国——冉冉升起的国际人才市场》，载《国际人才交流》2017 年第 12 期。

外人才需求的持续增长趋势。

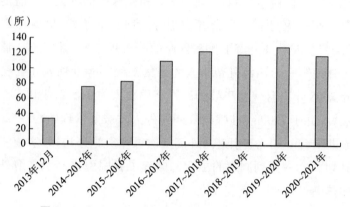

图 2 - 1　2013 ~ 2021 年招聘区间 AEA 网站国内面向
海外招聘单位数量变化趋势

注：数据以当年 8 月至下一年度 1 月区间为准；2 ~ 7 月为非常规招聘高峰期，数据有随机性，不纳入考虑范围；不包括中国香港、澳门、台湾地区院校；2020 ~ 2021 年受新冠疫情影响数据有所回落。

资料来源：JOE（https：//www. aeaweb. org/joe/listings）。

2017 年，为了无缝对接国际经济学人才市场，中国招聘市场在清华大学、北京大学、上海财经大学、复旦大学、香港中文大学等院校的联合支持下应运而生，后发展为中国国际经济学会议（China International Conference in Economics），并在近几年吸引了越来越多的海外博士回国面试求职。参会单位也由首届的22 所增长至 2019 年的 42 所。

用人单位的增加以及人才需求的同质化引发了激烈的竞争。纵向来看，以上财经济学院、高等研究院的引才实践为例，最终聘用人数与录用意向人数之比呈现较为明显的下降趋势：这一比值在高峰曾达到 1/2.5，低谷时接近 1/8；横向比较，海外引才院校工作人员和业内人士也普遍反映面临同样的挑战。

细化分析所得数据和资料，海外人才市场的变化态势也呈现一些新特征。国内外人才市场联动，经济学人才市场呈现高度流动性特质。在国内院校大规模吸引海外人才回国的同时，海外院校已开始注重人才"回流"，不乏海外院校直接在国内市场投放招聘广告，吸引人才。中国经济学人才市场已逐步跨越了人才单向流入的阶段，开始在人才双向流动方面逐渐成熟。

国内市场竞争日益激烈。除了直接的数据表现，国家层面、各地出台的人才项目，以及各校的优才惠才政策助推了人才引进。人才的竞争也与教育资源直接挂钩，抢占人才高地已成为普遍共识。从图 2-1 可以看出，2013~2016 年面向海外招聘院校规模大幅扩张，这一趋势正对应了党的十八大以来面向新时代的教育战略导向。

学术人才竞争延展至业界。近年来，业界也成为经济学海外人才竞争的一支生力军。很多互联网、金融、证券公司（如阿里巴巴、上海期货交易所）吸引了高端人才的加盟。这些公司可以提供更为优渥的薪酬待遇、更为自由的研究环境和相对较小的科研和教学压力，具备高度的竞争优势。

人才流动性持续增大。随着国家"双一流"重大战略决策的实施，国内高校对人才的竞争日趋白热化，除了新引进人才数量的攀升，近年来存量人才的流动也呈现增强的态势。各高校相应的引才目标、引才结构、引才方式、引才程序及引才保障机制也纷纷开始作出调整，具有更强的灵活性。

（二）中部高校海外人才引进影响因素分析

影响海外人才引进的因素众多，除了薪资福利等硬性条件，制度环境、学术平台等也是重要条件。笔者对中部高校如武汉大学、华中师范大学、中南财经政法大学的海归人才进行了问卷调查及个别访谈，调研结果显示，几乎没有单一因素能完全决定一次聘任的完成。

1. 薪资待遇等提供了硬性基础条件

良好的薪资待遇是吸引人才的必要条件，是人才加盟的首要考量之一，这是符合理性人假设的制度设定。面向海外人才的岗位大多属于主要劳动力市场，除了极少特例外，在薪资待遇的供给上有事实存在的底线，基本可以符合海归群体的预期。这类因素广泛适用于各个年龄阶层和背景的受访者，个体差异不大。在调研中，约75%的受访者表示薪资待遇基本属于公开或半公开信息，且同一层级的院校在该项供给方面差异不大，难以绝对影响其择业决策。

2. 规范的制度环境、制度实施和符合国际惯例的晋升渠道、晋升标准是引才的重要保障

随着国内越来越多高校试水常任轨制度，引入"非升即走"的考核标准，经济学人才市场也出现了诸多乱象：如制度引入"形似神不似"，对制度自行解读，实施过程不遵循规范，甚至不履行承诺的待遇条件；考核标准单一化，激励扭曲；学术委员会职能缺位，行政权力施压，考核过程及结果不公开不透明，从而引发了一系列问题。经济学人才市场信息趋向透明化，会进一步加大制度规范在引才过程中的考量权重。这一方面的负面信号，一旦产生并传递开来，会造成持续恶劣影响，短期内难以消解。

3. 院校平台、研究团队形成了竞争优势

学校的排名、声誉是引才的重要优势。对于青年学者而言，良好的起步平台往往意味着学术视野、资源和人脉的高度，有助于其事业长远规划。而现有研究团队的构成也是极为重要的吸引因素之一，应聘者会考虑研究团队的梯队优势，关注是否有资深学者带队，是否有科研项目加持，是否有研究成果基础，是否有同事可以发展为合作者，以及其职业发展方向的适配度。

4. 配套福利（住房、子女教育等）、地理位置等突出了软实力

地理位置在择业中往往会产生决定性影响，与劳动力市场区

域划分密切相关，而应聘者的家乡和家庭所在地也在很大程度上决定了择业区块。同时，子女教育和住房等因素看似与职业本身发展关联不大，却切实左右着就业者家庭的整体决策。已有家庭的受访者和外籍教师较为看重此类因素。近年来，配套福利趋向于明确化，由幕后走向台前，作为引才计划的有机组成部分传递了有效信号。其他因素是加分项，能够增加权衡决定的砝码。此类因素包括：配偶职业选择、导师推荐、行政职务、教学量、常任教职后考核模式、文化认同、学术范畴外职业发展等。由于实际聘用过程中，应聘者的决定必然是综合因素的总和，雇主先期会充分传递所有正向信号，在沟通的过程中定位应聘者的核心匹配点，加强相应信号的传递，通过这个过程往往能够成功完成聘用。调研结果显示，海外引才、留才过程中各类因素交织，动态影响海归教师的择业决策。各校在人才聘用待遇供给方面的重点逐渐趋同，导致海外引才先发优势逐步淡化和衰退。因而，积极应对海外人才引进的新挑战，找准问题和对策，创新引才育才模式，推行差异化竞争，关注个体需求，增强引才计划和制度弹性，才是面向新发展阶段人才引育的应有之义。

（三）中部高校海外引才困境分析

高校作为重要的教学、科研单位，肩负人才培养、科学研究、社会服务、文化传承、国际交流等重要职能，对人才的需要更为迫切，尤其是拥有国际视野、掌握研究前沿的海外人才。各大高校在国家政策指引下，加入海外引才大战，相继出台各类专门海外引才方案：如广州大学于 2004 年出台《广州大学引进海外留学优秀人才实施办法》，武汉大学于 2008 年出台《武汉大学关于加强海外高层次拔尖人才引进工作的实施意见》，2009 年，陕西师范大学引进海外优秀留学人才暂行规定。还有部分学校虽没有制定以"海外人才"命名的人才办法，但也制定了高层次人才引进办法，海外高层次人才也包含在内。例如，清华大学

2009 年出台《清华大学高层次人才队伍建设计划实施办法》，提出到 2020 年从海外引进 200 位教授的目标；中国人民大学于 2002 年出台《中国人民大学引进高层次人才工作暂行办法》，提到具有在海外知名大学取得博士学位，并取得相应职位或者业绩人，在引进待遇上有所提升。[1]

中部高校在海外人才引进的渴求及响应力度上一直很大，如何主动出击、开展海外人才引进工作，已经成为部分中部高校人才引进工作的重点。在国家、地方政府的支持以及各大高校自身努力下，中部高校海外引才工作近年来取得了一系列成果。但目前仍存在一些问题，主要集中于：一是海外人才在整个高校师资中占比低；二是急需海外高精尖人才，缺乏领军型人物；三是留学院校排名靠后，所属学科发展并不突出。在海外人才引进上，中部高校比东部高校具有明显的劣势。一是中部地区经济发展落后，缺乏引才的硬环境，海外引才难度大、耗时长，中部高校普遍存在经费投入不足、办学条件不佳，薪酬待遇低等问题。二是中部高校在引进海外人才方面，渠道相对有限，主要依赖于国内现场招聘和网上招聘等传统方式。这种被动等待的方式，如同"守株待兔"，往往导致信息流通不畅，供需双方信息难以有效对接。三是中部高校在人才管理机制方面存在明显不足，人事制度尚待完善，管理观念陈旧，机制僵化落后。尊重知识、尊重人才的氛围不够浓厚。在人才引进、职称评定上较为死板。如在职称评定上要求必须要有省部级课题或者是核心论文，但很多海归人才回来后往往"水土不服"，很难短期内适应国内学术评价体

---

[1] 在海外知名一流大学获得博士学位，已经担任助理教授或相同教职以上职务并且业绩优良者，或在著名国际组织、国际机构、学术团体和跨国公司任重要职务并有突出业绩的归国人员，可按照《中国人民大学引进高层次人才工作暂行办法》规定的聘任程序，聘任到特级岗、一级 A 岗和一级 B 岗或一级 C 岗，并按照所聘岗位分期发放 20 万元、15 万元和 10 万元不等的一次性安家补贴，用于补贴购买校外住房。按学科建设需要可分别申请 5 万元、10 万元和 15 万元不等的科研启动经费，申请科研启动经费须提出明确的课题规划，科研经费的管理按学校的有关规定执行。

系及学术标准，产出符合国内高校认定的高质量科研成果。此外，在人才使用上缺乏灵活性，缺乏自由的合作交流空间，学科间壁垒严重。

三、中部高校高层次人才引进现状

高层次人才是指符合大学发展需要的高层次专业技术人才，即在某一学科或专业领域有较深造诣和威望，在教学与科研岗位上工作，承担重要任务，能对大学生的人才培养、学科发展、科研创新、社会服务等方面发挥较大作用的人才。具有高层次性、稀缺性和动态性。[1]

高层次人才是高校推动学科层次上水平、教学科研出成果的助推器。梅贻琦老先生曾说"所谓大学者，非谓有大楼之谓也，有大师之谓也"[2]。美国哈佛大学第 23 任校长詹姆斯·B. 科特南曾提到"高校的荣誉不在于校舍和人数，而在于素质优良的教师，学校站得住，教师要出色"。[3] 一直以来，高层次人才都是高校间争夺的第一资源，对高层次人才的争夺和合理使用直接决定高校间综合实力的对比和竞争力的高低。2017 年 1 月，教育部等多部委联合印发的《统筹推进世界一流大学和一流学科实施办法（暂行）》系统介绍了"双一流"评价体系及标准，将高校人才建设作为重要考核指标之一，并摆在了突出位置。高层次人才成为各大高校必争资源，学术劳动力市场呈现出前所未有的繁荣。在 2017 年 3 月，教育部等多个相关部门联合印发《关于推

---

① 韩斌：《高等学校高层次人才引进政策研究》，东北大学硕士学位论文，2012 年。

② 《影响清华的演讲：梅贻琦校长的就职演说》，清华大学，2014 年 9 月 1 日，https：//www. tsinghua. edu. cn/info/1363/80924. htm。

③ 《大学的荣誉不在校舍 而在于一代一代人的质量》，高校科技，2013 年 1 月 23 日，https：//www. edu. cn/ke_yan_yu_fa_zhan/zi_xun/201301/t20130123_896544. shtml。

进高等教育领域简政放权、放管结合、优化服务改革的指导意见》。这一文件为高校在人才引进方面提供了明确的政策导向，允许高校根据自身的实际需求和发展目标，制定符合实际情况的人才引进标准和条件。文件还积极鼓励高校在聘任制和薪酬分配办法上实施多元化、灵活化、层级化的策略，旨在通过政策引导，进一步释放高校在 "双一流" 建设中的自主性，为其实现高质量发展提供有力的政策支撑。

在 "双一流" 建设背景下，高层次人才对于师资资源相对薄弱的中部高校而言尤为重要，是在高校发展竞争中赢得发展的必然选择。高层次人才有两个产生途径，一是引进，二是培育。目前在 "双一流" 5 年建设周期的要求下，培育显然不是最有效的。据有关统计，具有一定学术潜质的青年高校教师，从博士毕业到培养为教授或者学科带头人需要耗时 10 年时间，相当于两个建设周期。[①] 在 "动态调整" 指挥棒下，中部高校唯有通过 "短平快" 的引进措施引进高层次人才，来补充师资，占领学术高地，保证 "双一流" 顺利过关。高层次人才的引进往往意味着项目立刻上马、经费马上到位、科研梯队马上培育，对学校及学科发展产生的正面影响是立竿见影的。

但目前看来，中部高校是在高层次人才引进方面是存在短板的。与东部高校相比，中部高校在资金获得、政策支持及科研项目获批及科研成果转化等方面都存在差距，这些差距给中部高校在引进高层次人才方面造成了现实困难。东部高校往往凭借经济及区位优势，在高层次人才引进方面挤占了中西部及东北部空间。中部高校在薪酬方面无法与东部抗衡。此外，从国家产业布局来看，"高精尖" 产业大部分分布在东部地区，能够很好地与高层次人才最前沿的研究实现无缝对接，完成科研成果的落地，

---

① 姜朝辉：《高校人才合理有序流动：理论之维与实践之径》，载《高校教育管理》2017 年第 9 期。

这也是高层次人才最为看重的部分。而中部地区显然不具备相对的产业及区位优势。通过对中部 10 所教育部直属高校的调研来看，中部高校在第一轮"双一流"建设周期内对高层次人才的引进上成果不理想，引进人数少且缺乏拔尖创新型人才，无法短时间内实现打造学术高峰及高地的目标。

第二节 中部高校人才培育现状分析

目前，我国高校对人才的竞争，特别是对高层次人才的竞争呈现出白热化状态。从人才供给上看，分为两种：引进和培育。引进就是实现人才的跨校流动，如国内从海外引进、中西部从东部引进、实力较弱高校从实力雄厚高校引进人才。但从现实角度来讲，一定时期内国内各层次人才总量是动态平衡的，人才在国内不同地区、不同大学之间的流动是不会改变本国人才总量的。此外，当下人才处于急速流动状态，不少人才为了追求更好的经济待遇、科研环境及发展前景，出走其他高校任职，高校人才呈现结构性断裂。从经济学供给侧理论视角，各大高校，在人才供给上应该"引育"结合，实现"内生式"发展。特别对于中部高校而言，囿于各类因素，在引才上存在先天不足，那么"内生"高一层次人才就成了中部地区高校打造"高峰队伍"的重要途径。如何培育实现人才进阶就成为了中部高校重要的使命。但目前来看，在人才培育上中部高校还存在一定问题。

一、人才培育体系不完善

（一）人才观念局限于"重外引轻内育"

目前全国高校竞争激烈，为挤进"双一流"建设名单，或是保证在"双一流"建设中不掉队，需要短时间内提升学校人才优势。而外引则是最见效的方式，目的性强、见效快，且成本较低、投入产出比率高。与外引相比，内育则存在培养周期长、见效慢，成本较高、耗费大的不足性。各类人才的成长、成熟都需要一个漫长的过程，特别是高层次人才的培育，周期性更长，而且从时间上存在滞后性，无法及时性实现立竿见影的效果。因此，目前很多高校，包括中部高校，逐渐形成重"引进"的依赖路径，而轻视人才培育。

（二）人才培育基础薄弱

人才引进是人才培育的前期工程及基础性工程。引进人才的数量及质量，直接关系到后续人才培育的成效。对于中部高校而言，如前文所述，在人才引进环节存在不足和短板。为此，在人才的后期培育上，更是存在问题。人才的培养除了构建严密培养体系及消耗大量时间外，还需要人才本身的天资禀赋，尤其是高层次人才。其稀缺性特点决定了该群体是小群体范围，而非广泛。当各学科优秀人才东流势头加速，给予中部地区可选择的优秀人群范围逐步缩小，相应"优中选优"的概率大大缩减，一是在某一科学范围内没有人员作为可持续的培养对象；二是人员学术基础较弱，后期培养周期更长、成本更高。这使得中部高校在人才培育上，进一步呈现"塌陷"状态。

（三）人才培育支持体系不完善

人才培育是系统性工程，涵盖政策、资金、平台及环境等影响因素和条件。目前中部高校在相关因素条件上存在短板。同时，中部高校多将资金及政策投向人才的引进上，对人才培育并不够。经调研发现，中部高校人均人才培育的资金占用量不足人才引进的1/3。此外，在人才培育方面并未形成完整的培养链条，多集中在青年教师的培养，培养也多集中在基础性教学及科研技巧上，同时培育的范围也集中于新入职 3 年以内的教师，对处于"中年"段的教师关注度不够，因此造成"断代工程"，很难形成老中青三代良性的"传、帮、带"的发展模式，严重制约了内生式高层次人才的培育。

二、人才流失制约人才培育的长效性

高校间合理有序可控的教师流动，有助于促进区域高等教育均衡发展目标的实现。有序流动提升学术共同体的生产力，将多重多源的科研资源有效整合，让丰富的科研成果得以广泛传播，促进学术创新和繁荣，同时，中部高校人才的快速流失也给人才培育的长效性和可持续性带来巨大挑战。

我国"双一流"计划采取动态调整机制，已入选的高校须为了不"出局"而努力，其他未入选学校又必须为了下一轮"入局"而铆足干劲，这都需要强大的高水平师资作为后盾。而"挖人"则是最"短平快"获得高水平师资的方式，实现"多快好省"建设"双一流"。这既是政策约束下的被动之举，也是利益驱动下的有意识选择。一流师资一旦到岗，他们的作用几乎是立竿见影的，项目立刻上马，经费马上到位，科研梯队着手成立，学科发展、大学发展成绩显著。[1]

中部地区高校目前在人才流动中处于弱势地位。在课题组调研中，中部"双一流"高校在 20 世纪培养了一大批学科带头人，在国内外享有盛誉，但目前坚守于此的则寥寥无几，其他人都分散至北京、上海、广州等高校。此外，近年来引进的青年一代，凡是有突出成绩的，也在不断流失。多年培育的高学历、高水平、高职称人才往往会为了更高的职业规划而选择更好的发展平

---

① 党彦虹：《"双一流"建设背景下高校教师流动现状、问题与对策》，载《黑龙江高教研究》2018 年第 9 期。

台，从而流向水平更高的大学，而且这种现象，还会形成模仿效应，有时候一走就是几个。最为极端的情况是，一个学科团队的集中出走，整个学科也不复存在。

一个好的学科带头人是学科发展的关键。虽然国家出台政策，禁止东部高校从中西部高校挖掘高层次人才。但从政策上来看，也仅仅针对长江学者。其他类型的人才没有列明，也没有禁止，中部高校依然面临被抢人的风险。此外，此项政策的出台也有其负面影响，从政策上对中西部人才的捆绑和禁锢，导致很多人考虑其职业生涯中流动受限，因此在最初进行职业选择时就远离中西部，流向人才市场更为活跃的东部地区。一定程度上，也制约了中西部地区招揽人才。

人才向东部流失是目前中部高校面临的一大困局，正陷入"流失—培养—再流失"的怪圈。老一辈的学科带头人正在逐渐老去，新一代的青年人才却在不断流失，高层次人才队伍青黄不接乃至彻底断档，成为了许多中部高校发展过程中不得不面对的隐忧和问题。

三、青年教师学术成长困境分析

青年教师作为"双一流"大学的希望与未来，他们的发展状况直接影响着研究型大学科研的进步与科技创新的活力。然而，在他们的成长过程中，由于一系列因素的影响，青年教师面临着巨大的挑战。

首先，学术考评机制的竞赛化趋势使得青年教师承受着沉重的科研压力。当前，我国科研领域正致力于通过量化指标来强化考核，推动研究人员更加投入工作。在这样的背景下，高校对教师学术产出的要求日益提高，尤其是研究型大学，它们对高级别学术论文和科研项目的追求，使得青年教师肩负了更高的期望。然而，青年教师普遍面临着科研资源匮乏、学术能力有限等问题，他们在努力追求学术成果的过程中，往往感到力不从心。此外，一些高校在资源分配上过于偏向现有高层次人才，对青年教师的支持力度不够，这也进一步加剧了他们的科研压力。青年教师不仅需要面对科研本身的挑战，还要应对来自考评机制、资源分配等方面的压力，这使得他们的学术成长道路充满坎坷。

其次，青年教师面临高强度的工作投入，这使得他们的心理问题日益显现。随着高校招生规模的不断扩大，师资力量的紧张状况愈发严重。作为研究型大学的青年教师，他们不仅需要投入大量精力开展科研工作，还需承担繁重的教学任务以及学科和平台建设的行政事务。他们既要教书育人，又要开展科学研究；既要指导学生学业，又要申报项目、撰写论文。任何一项工作的不足都可能导致考核不合格。因此，青年教师常常陷入科研、教学和行政事务的繁重负担中，整日忙碌不堪，往往只关注眼前的具体任务，难以思考长远的职业发展，缺乏对未来规划的意识和能力。为了完成学校规定的科研和教学任务，他们往往不得不调整自己的学术专长和研究方向，导致科研领域不够集中和稳定，研究问题难以聚焦，难以在相关领域找到突破和切入点。与那些已经取得显著成绩、名利双收的年轻教授相比，青年教师面临着更大的心理压力和危机感。此外，社会上的急功近利、虚假浮夸等不良风气也对青年教师产生了影响，一些青年教师开始追求名利和眼前利益，这对他们的学术成长构成了潜在威胁。

最后，薪酬太低导致青年教师压力巨大。青年教师普遍承受着巨大的生活压力，这在很大程度上源于他们相对较低的薪资收入。在对外经济贸易大学公共管理学院副教授廉思的专项研究成果《工蜂：大学青年教师生存实录》中，我们得以窥见这一现象的严重性。该调查显示，高达 72.3% 的受访青年教师表示感受到"压力大"，而 36.3% 的青年教师更是直言"压力非常大"。其中，除了繁重的科研任务和教学任务外，薪资收入的不尽如人意无疑是导致他们生活压力陡增的主要原因。特别是在那些位于大城市的研究型大学中，青年教师们往往还面临着诸多生活挑战，新婚购房、育儿养家、孩子教育、赡养老人以及日常的开销等，每一项都是不小的经济负担。对于这些刚刚步入工作岗位不久的青年教师来说，他们的收入往往难以应对这些开销，导致生活质量与预期存在较大的差距。这种现实与理想的落差，常常使他们的心理承受巨大的压力，进而影响到他们在学术道路上的成长和发展。更为关键的是，较低的薪资收入使得青年教师们缺乏必要的生活保障，他们不得不为生计而分心，难以全身心地投入到学术研究中。这种生活与工作的双重压力，不仅影响了他们的学术产出，也在很大程度上分散了他们专注学术的精力。因此，为了促进青年教师的健康成长和学术发展，必须正视他们薪资收入的问题，并努力为他们创造一个更加公平和有利的工作环境。

中部高校人才观现状分析

　　人才观，作为对人才本质及其发展规律的深刻见解，是在特定的社会历史背景下形成的。它不仅是人才建设的核心目标，更反映了人才在不同社会历史条件下的改革和发展趋势。这一观念直接影响着人才资源的数量、质量和整体结构的变化，对于推动人才发展具有深远意义。人才观为我们解答了在一系列社会历史条件下，应当如何定义和塑造人才的问题。它明确了人才的培养目标、规格和质量标准，同时也为我们指明了培养人才的路径、方法和模式。此外，人才观还涉及了如何评价人才的问题，为我们提供了全面、客观的评估标准。对一所高校而言，人才观则代表了在一段时期内，高校如何看待本校的人才培养和师资队伍建设，以及应该培养什么样的教师、怎么培养、如何评价等一系列问题。

　　"双一流"建设是党和国家在迈入新时代后提出的高等教育发展战略。发展目标和评价标准直接对标世界一流大学和一流学科。一流大学和学科的建设显然离不开，也必须依靠国际化一流人才队伍的培养与不断累积。习近平总书记多次强调应当重视并引进人才，在当前发展阶段，"我们比历史上任何时期都更需要广开进贤之路、广纳天下英才。"[①] 因此在新的时代背景和新形

---

　　① 习近平：《在同外国专家座谈时强调：中国要永远做一个学习大国》，载《人民日报》2014年5月24日第1版。

势下，一所大学具有什么样的人才观，以什么样的人才观来统领学校的人才队伍建设则显得尤为重要。

2021年中央人才工作会议上指出，我们党始终重视培养人才、团结人才、引领人才、成就人才，团结和支持各方面人才为党和人民事业建功立业。2022年4月13日，教育部召开了新一轮"双一流"建设推进会，会上指出，要下大力气全方位打造一流师资，强化教师教书育人第一职责和师德师风第一标准，以长远眼光发现和培养更多战略科学家，支持青年人才在挑大梁、当主角中加快成长。① 从宏观层面而言，对人才的重视，特别是高校人才的重视可以说比以往任何时期都要关注，各高校的引才、育才大环境也达到了前所未有的优厚程度。"双一流"战略实施以来，高校间的人才流动更加频繁，人才竞争特别是高层次人才竞争更加激烈。广大人才市场上的校际竞争除了在国内呈现出白热化的趋势外，更是外溢至国际人才市场。相较于东部、沿海经济发达地区和北京的高校，中部高校除了在资金、配套等硬环境上处于下风，在充分发挥人才市场资源配置作用、促进人才多元化发展和与国际接轨等思想观念和认识上也存在一定的劣势。

第一节　学术劳动力市场观念相对淡薄

市场的核心是交换，参与产品交换的买方和卖方的集合就构成了市场。马克思认为，市场包含着全部商品所有者之间错综复杂的交换关系，形成了许多并行发生和彼此连接的商品交换过程，这样就构成了商品流通，市场就是由这一系列交换关系组

---

① 中华人民共和国教育部网站，http：//www. moe. gov. cn/jyb_xwfb/gzdt_gzdt/moe_1485/202204/t20220414_617531. html。

成的。[①] 高校师资队伍建设以及人才的往来流动本质上是高校学术劳动力市场发挥作用的具体体现。但与普通劳动力市场相比，学术劳动力市场的运行有其固有的特殊性，正如马克斯·韦伯所认为的那样，（学术职业）本身就是一种志业，不为经济所动，不为权力所移。[②] 尽管如此，市场经济中的供求机制、竞争机制和价格机制仍然在高校学术劳动力市场发挥着重要作用和积极影响。

高校人力资源分配一般有两种模式：第一种是计划分配资源模式，也就是通过命令性计划对社会人力资源进行安排；第二种是市场机制分配资源模式，也就是把市场作为引导的方向对社会人力资源进行安排。随着我国社会主义市场经济的日趋成熟，高校劳动市场受其影响也与日俱增，"效率""教师中心""执行力""竞争力""绩效"等高频概念也逐步出现在高校师资队伍建设工作中。随着高校学术劳动力市场的日趋成熟，其在人才队伍建设过程中发挥的资源配置、效率激励、人才流动作用也越来越大。

相较而言，我国东部沿海发达地区高校由于受所处地域市场经济发达的影响，在市场经济思维的驱动下，"平均主义"被"多劳多获"所取代，"人情例外"被"规则契约"所取代，"安于现状"被"优胜劣汰"所取代。中部、西部高校则由于受到本区域社会经济发展的制约，学术劳动力市场还不够成熟，师资队伍建设过程中，受传统计划分配资源模式影响相对更大。

东部、沿海发达地区的高校一般通过二级管理体制改革简政放权，向学院要发展效率；而学院则通过绩效分配控制内部改革，将教师规模、专业规模控制在发展资源的最佳配置范围内，完善了退出机制，突出效率与公平，强化产出。广州市两所部属

---

① 朱捷、陈晓健、邢增东主编：《市场营销》，电子科技大学出版社 2020 年版，第 2 页。

② 马克斯·韦伯：《学术与政治：韦伯的两篇演说》，冯克利译，生活·读书·新知三联书店 2013 年版。

高校就采取了校院二级管理体制改革模式。在本书调研中山大学和暨南大学的过程中可以体现出，市场经济思维已经渗透到学校管理的方方面面。在这两所大学里，特别是中山大学内部，强调最多的关键词就是"发展的效率和效益"以及"创新的活力"。两所广州高校将学校对学院发展资源的分配和学院内部对教师绩效的考核分配放在了二级管理体制改革的核心位置。

第二节　以人为本、多元发展观念相对滞后

从马克思主义唯物史观的角度来看，人才被视作一个集实践性、整体性和开放性于一体的概念，因此树立大人才观念至关重要。科学的人才观坚信，只要个体具备积极实践的意愿和创新精神，并在社会的适宜平台上得到支持，便有可能成就为才。优质的用人单位应以人为本，致力于实现人尽其才，尊重并推动人才的多样化发展。2021 年，中央人才工作会议强调，要用好用活各类人才，对待急需紧缺的特殊人才，要有特殊政策，不要求全责备，不要论资排辈，不要都用一把尺子衡量，让有真才实学的人才英雄有用武之地。同时，建立基于信任的人才使用机制，对失败持开放态度，鼓励科技领军人才勇于担当重任。我们还需为各类人才搭建创新创业的平台，构建能充分体现知识、技术等创新要素价值的收益分配机制，从而通过事业激励人才，让人才推动事业的发展。① 这充分展现了中央对于以人为本、全面发展人才观的价值引领。

相较而言，东部沿海发达地区在人才的引育过程中更加重视以人为本。无论是针对从海外引进的高层次人才，还是学校内部

_____

① 《习近平出席中央人才工作会议并发表重要讲话》，中国政府网，http://www.gov.cn/xinwen/2021-09/28/content_5639868.html，2021 年 9 月 28 日。

培育的教师队伍，最早提出对教师的发展采取多轨制并存的高校一般在东部沿海地区，而中部、西部高校则对于人才的发展问题相对滞后。对于人才引育的形势而言，在"但求所用，不求所有"的柔性灵活思维上也是东部沿海地区高校要领先于中部地区。

"双一流"政策执行后，有不少中部、西部高校开出了高价酬金引进高水平师资和学科领军人才，甚至有些省份高校的薪资条件要远远高出经济发达地区高校的平均水平。但是一般而言，这一类高校又往往陷入将引进人才视为"工具"的倾向。恰恰是因为薪资待遇高，高校对于引进人才的产出和绩效会更加看重，而对于人才本身的学术志趣、个人发展和人文关怀会相对忽视，对花重金引进人才的"容错率"会要求得更高。这一系列行为更加类似企业的生产，高投入要求高回报，而这种高回报又往往是以显性的论文、科研项目、获奖等形式呈现；对于教学、立德树人的贡献度则衡量有限。

第三节 主动接轨国际、对外开放观念相对落后

"双一流"建设的目标是世界一流，需要吸引和汇聚来自世界级的大师。就目前情况而言，全国高校在国际高端人才的引育上都存在着明显的短板。教育部 2020 年统计数据显示，全国普通高校共有专任教师 1 832 982 人，其中外籍专任教师人数为 17 686 人，占比仅为 0.96%[①]。这一数据从侧面说明，国内目前吸引国际人才的大环境还未有效建成。但是如果从国内各省份来

---

① 教育部统计数据，http://www.moe.gov.cn/jyb_sjzl/moe_560/2020/quanguo/202108/t20210831_556660.html。

比较，则沿海经济发达地区和北京高校相对中部地区高校而言仍然走在了对外开放的前列。

在经济繁荣的上海等发达地区，高校在引进海外人才时，其关注焦点已逐渐从物质层面的保障条件转移到对职业发展的软环境的重视。过去，高校的人才引进政策主要侧重于薪酬津贴、教学科研条件、晋升考核机制以及住房等硬性保障，旨在为海归青年人才提供稳定的生活基础。然而，随着对海归人才归国动机的深入剖析，我们发现追求更好的职业发展是他们强烈的内在动力。不论是理工科还是人文社科领域的青年学者，他们在追求物质生活水平的同时，更加看重如学术氛围的宽松活泼、工作环境的公平公正、学校的科研管理与后勤服务等软环境因素。因此，在"十四五"期间，上海的人才引进策略应转向软硬环境并重，并加大对软环境的宣传力度。对于海外拟归国的青年人才而言，他们在选择工作时，除了考虑科研合作氛围、国际学术交流机会、工作自主性等软性因素外，还会关注学校/学院的人际关系等细节。这些方面在过去可能并未受到上海高校的足够重视，而在中部地区的高校更是鲜有涉及。此外，一些难以短期改变的条件，如城市的自然环境、公共服务水平、地理位置以及学校的声誉等，在吸引海外人才时仍具有不可忽视的作用。作为国际化大都市的上海，其开放包容的城市文化和规范的管理体系为高校引进海外人才提供了有利条件。相比之下，中部地区的高校在引进海外人才时更需转变思路，加强对软环境的建设和宣传，以吸引更多优秀的海外人才。

第四章

中部高校人才制度现状分析

　　汉语词典中关于制度字面释义是：（1）要求大家共同遵守的办事规程或行动准则；（2）在一定历史条件下形成的政治、经济、文化等方面的体系。从解释上来看，制度既可以是一个静态的成文的准则，同时也可以是一个动态的发展的系列体系。关于制度的研究，正如周雪光指出的那样"制度主义学派自20世纪80年代起盛行于社会科学诸领域，不同的学科里（如社会学、经济学、政治学）有着制度学派的不同版本"[1]。组织学派认为制度的特征是"由社会符号、社会活动和物质资源所构成的，包括三大要素：法令规则体系、规范体系和文化认知体系"[2]。在新制度主义学派看来，制度是社会建构的，习惯性再生产的程序或规则系统。[3] 高校作为一种独特的社会组织，以制度为框架和视角对其产生、发展和变革进行研究产生了丰富的成果。

　　从这个意义上来说，一所高校人才相关制度的形成、发展与演变是一个动态的过程，受到来自国家、社会、高校自身和其他方方面面的作用。同时，高校人才制度的运行和制度本身是一个

---

　　① 张永宏编：《组织社会学中的新制度主义学派》，上海人民出版社2007年版。
　　② W. R. Scott. *Institution and Organization* ［M］. California：Sage Publication，inc. 2001：49－58.
　　③ 罗纳尔德·L. 杰普森：《制度、制度影响与制度主义》，引自沃尔特·鲍威尔、保罗·迪马吉奥著，姚伟译：《组织分析的新制度主义》，上海人民出版社2008年版，第162页。

实然和应然的关系，对制度文本的研究只是一个层面，文本在实践中仍然很有可能被"高高挂起"；更重要的是对制度实际执行过程中，如何发挥作用进行分析。

如何能够更好地从应然和实然两个层面来考察中部高校人才制度建设情况，组织社会学中的新制度主义学派提出的基于制度环境和技术环境的两个维度的考察提供了分析框架。所谓技术环境，是指组织生产在市场中交换或服务的所在，在其中会因有效率和效果的绩效而受到奖赏；制度环境则是那些具有完善规则和要求为特征的环境。[1] 在高校人才制度建设中，制度环境一般可以理解为国家、区域、学校内部的相关师资队伍建设的系列文件、制度等；而技术环境则可以理解为影响学术劳动力市场的相关环境，如入职的学术标准，学术职称的评聘标准，学术论文、项目、荣誉的认定标准，以及其他与教师发展相关的学术性制度。

第一节 人才政策偏向保守

近年来，随着国家"双一流"战略的深入推进，各省市高校间高层次人才争夺日益激烈，尤其是来自沿海发达省份所开出的人才引进优厚条件与政策让湖北高校倍感压力。在花大力气引育高层次人才的同时，湖北高校却往往还面临着人才流失的境地。在全国各省市争相纷纷加大力度吸引人才的大环境下，湖北省对高校高层次人才引进的支持力度相较而言显得较为有限。主要表现在以下几个方面。

第一，高层次人才的认定范围有待进一步扩大。2008年、2009年湖北省多部门先后出台了《湖北省引进海外高层次人才

---

① 斯科特、蔡振杨：《工业社会学》，载《现代外国哲学社会科学文摘》1985年第5期。

实施办法》《湖北省关于为引进海外高层次人才提供工作条件和特定生活待遇的若干规定》等若干文件，对"百人计划"引进的海外高层次人才提供相应工作条件和特定生活待遇进行了明确规定。主要支持的引才对象是以"海外取得博士学位""海外专家、教授"和"海外回汉创业"的高层次人才。在 2017 年 3 月出台的《中共湖北省委、湖北省人民政府关于深化人才引进人才评价机制改革推动创新驱动发展的若干意见》中，明确了实施三类计划，即"我选湖北计划""技能人才振兴计划""海外优秀人才引进倍增计划"，重点支持的引才对象分别为：优秀大学毕业生、拔尖高技能型人才和海外优秀人才。在湖北省教育厅和财政厅 2017 年出台的《"楚天学者"计划实施办法》中特聘教授、讲座教授和"楚天学子"的招聘对象是有着国内外知名大学工作和学习经历的专家学者，对于其高水平代表学术成就的客观认定标准没有明确描述。

相较于其他地区，广东省在高层次人才引进支持方面的界定显得更为详尽和全面。根据《中共广东省委 广东省人民政府关于加快吸引培养高层次人才的意见》文件，广东省明确指出了重点引进和培育的高层次人才类型，涵盖了多个领域。这主要包括：创新和科研团队，中国科学院及工程院院士，国家级重点学科、实验室、工程研究（技术）中心、工程实验室的首席科学家，国家科学技术奖的主要完成人，掌握核心技术或拥有自主知识产权的境内外人才，高级企业经营管理人才，长江学者特聘教授及国家级教学名师，国家有突出贡献的中青年专家、杰出青年基金获得者以及各类人才工程的国家级人选。此外，还包括外籍及港澳台地区的优秀人才，哲学社会科学领域的领军人物，以及在其他领域中急需引进的高层次人才。

第二，高层次人才税收减免政策有待进一步完善。在湖北省的高层次人才引进政策中，《湖北省关于为引进海外高层次人才提供工作条件和特定生活待遇的若干规定》中强调："引进人才来鄂时取得的省政府奖励或奖励性津贴，以及来鄂时取得的一次性补助，可视同国家奖金，免征个人所得税。"但本规定只适用于通过"百人计划"引入的海外人才。国家高层次人才计划和湖北省的其他高层次人才计划所提及的待遇均需扣缴个人所得税（税后待遇）。

相较而言，2008 年《中共广东省委 广东省人民政府关于加快吸引培养高层次人才的意见》所出台的专项工作经费和住房补贴均注明为税后收入。在上海 2016 年出台的上海人才"30条"政策中，对高层次人才引进的税收减免政策进行了细致设计，包括房产税的减免、科技成果转化的股权奖励递延纳税试点、探索按照偶然所得征收个人所得税等。

第三，中部省份高层次人才引进待遇有待进一步提升。中部省份在引进高层次人才方面，尽管已有相关政策支持，但待遇水平仍有待进一步提升。以湖北省为例，早在 2009 年便出台了《重点学科、重点实验室引进海外高层次人才工作细则》，明确由省教育厅、省科技厅等部门协调落实引进人才的项目、经费、待遇等。然而，与广东省等经济发达地区相比，湖北省的待遇水平仍显不足。根据湖北省教育厅和财政厅的相关政策，特聘教授、讲座教授和楚天学子虽然享有一定的岗位津贴，但与广东省的待遇相比仍有差距。广东省不仅为引进的两院院士等高层次人才提供高额的专项工作经费和住房补贴，还设立了重奖制度，对有突出贡献的人才给予巨额奖金。在广州市，羊城学者特聘专家享受的待遇也相对较高，包括特聘岗位津贴、科研补助经费等，并列入广州市优秀专家管理。然而，与广东省其他地区相比，中部省份在人才待遇方面的投入仍有不足。中部省份在引进高层次人才时，需进一步提升待遇水平，以吸引更多优秀人才。通过加大投入、完善政策、优化环境等多方面措施，中部省份可以缩小与经济发达地区的差距，提升自身在人才竞争中的优势。

第四，高层次人才引进配套服务有待进一步完善落实。以广州市的高层次人才引进为例，2010 年 11 个部门联合印发了《中共广州市委、广州市人民政府关于加快吸引培养高层次人才的意见》10 个配套实施办法。详细规范了包括：高层次人才的认定评定、培养资助、发展扶持、羊城学者特聘岗位计划、住房解决、医疗保障、子女入学、配偶就业、广州市羊城功勋奖评选表彰、高层次人才专项扶持资金管理等方面的具体举措。

《湖北省关于为引进海外高层次人才提供工作条件和特定生活待遇的若干规定》（以下简称《规定》）共配套了 4 个文件。虽然重点对海外引进高层次人才的户籍管理、税收、职称、配偶子女安置、保险医疗、住房等方面进行了相关规定，但"一定数量""适当方式""优先予以落实"等描述较为普遍，《规定》的有效落地和可操作性有待进一步提升。

第二节　教育评价改革成效尚需巩固，人才分类评价体系更需完善

2018 年，中共中央发布了《关于分类推进人才评价机制改革的指导意见》（以下简称《意见》），旨在强化党对人才评价工作的领导，并贯彻党管人才的原则。该《意见》打破了传统评价标准的局限，倡导以能力和实绩为核心的人才评价标准，避免过度依赖学历、资历和论文等片面指标。同时，《意见》创新了人才评价方式，提出多元评价主体的引入和构建行业内部的评价机制，以适应不同人才的特性，并支持用人单位根据自身的发展需求来评价人才。进入 2020 年 12 月，为了深入实施高等教育领域的"放管服"改革，并完善高校教师职称制度体系，人社部和教育部联合出台了《关于深化高等学校教师职称制度改革的指导意见》。这份指导意见通过分类分层评价和代表性成果评价等

措施，致力于构建一套科学、公正、竞争择优的高校教师职称制度，既鼓励优秀人才脱颖而出，也允许不适应者退出。

作为推动我国高等教育改革的重要政策，"双一流"建设与发展战略的核心在于改革高校教师的分类绩效评价制度。当前，许多高校存在对教师"重使用、轻培养"的现象，这严重阻碍了教师队伍的持续健康发展和整体教育体系的进步，也对"双一流"师资队伍的建设目标构成了不小的挑战。为此，许多高校已经开始建立教师综合评价制度，实施分类管理与评价，为师资队伍建设提供了更为科学的依据和保障。然而，随着时代的进步和"双一流"建设理念的深入，对师资队伍的建设提出了新的更高的要求。如何在新的时代背景下，充分发挥高校和教师的优势，进行科学的分类管理、评价和激励，以促进学科特色建设和实现"双一流"目标，成为了亟待回答的重要问题。这不仅是高等教育创新改革的需要，也是推动高校和教师共同发展的必由之路。

一、当前评价体系与"双一流"发展理念存明显差异

在当今的高等教育环境中，"双一流"建设已成为引领高校发展的重要战略。这一战略旨在明确高校的主体责任，促使其主动对接高等教育改革的实际需求，全面统筹学校的整体和学科建设，实现资源的合理配置与多方协同发展。然而，在实际操作中，我们发现现有的高校教师分类评价体系与"双一流"的发展理念之间存在明显的差异。

首先，"双一流"建设的核心在于鼓励高校坚守自己的办学特色，遵循学科的发展规律，实现特色化、创新性的发展。而一流的学科培养体系，无疑是推动一流大学持续发展的重要基础和支撑。这就要求高校必须重视培养具有一流水平、具有自身特色的优秀教科研师资队伍。但遗憾的是，当前的高校教师分类和评

价体系虽然也试图针对不同学科、不同专业和类型的教师进行分类管理，但实质上仍未能与"双一流"学科建设的实际需求紧密对接。这种差异的产生，一方面源于传统以科研为主的评价模式未能适应时代的需求和发展。在这种模式下，教师的科研成果往往成为评价其绩效的主要标准，而教学、社会服务等方面的贡献则往往被忽视。另一方面，部分高校在追求"双一流"目标的过程中，过于追求形式上的符合，忽视了自身的实际情况和特色。他们盲目地照搬其他高校的教师分类和评价标准，忽视了自身优秀教科研师资队伍的力量和水平，以及学校自身原有的师资力量优势。

此外，当前社会普遍存在的"重科研轻教学"的风气也对高校教师的分类评价体系产生了深远影响。在这种风气的影响下，高校的评价体系和标准仍然偏向于科研成果，科研型教师在教师聘任、评价、晋升等各个方面都占据了明显的优势，而那些在教学工作中付出辛勤努力、取得显著成绩的教学型教师，却往往被忽视和弱化。这不仅忽视了这些教师在培养学生中的积极作用和对学校的贡献，也严重影响了教师的工作积极性和职业发展。正是这种科研至上的评价标准，导致当前我国很多高校的教师评价标准出现了趋同化的势头。这种趋同化不仅削弱了高校的办学特色，也限制了教师的个性化和创新性发展。因此，我们迫切需要对当前的高校教师分类评价体系进行深入的反思和改革，使其更加符合"双一流"建设的实际需求，更好地促进高校的特色化、创新性发展。

二、评价主体和被评价主体之间矛盾突出

在"双一流"建设的推动下，高校正积极对接高等教育现代化改革的步伐。这要求高校明确评价主体的责任定位，统筹安排高等教育学科的整体建设，并合理配置人才资源，以推动多方

协同发展，确保人事制度改革与现代化建设任务真正落地生根。在这一大背景下，高校应积极支持深化人事制度结构性改革，保持对人才质量评价机制和方法改革的积极态度，并加强自我独立分类评价体系的建设。然而，完善高校教师分类评价体系成为深化改革的关键一环。我们必须尊重教师在评价中的主体地位，以此为基础，构建更加科学、全面、综合的分类评价体系。只有这样，我们才能对高校教师和人才进行更为精准的评价，进而保障高等教育学科建设和优秀人才队伍的持续健康发展。但当前，高校教师分类考核评价标准体系中存在行政化倾向过重的问题，评价主体相对单一，过分依赖外部评价，导致教师的主体性受到压抑。同时，高校、教师、学生及社会各方之间缺乏良好的协同机制，使得教师评价存在片面性，影响了评价的公正性和全面性。因此，我们亟须解决多元与评价主体间的矛盾，构建更加科学、公正、全面的评价体系。

三、科教融合难题亟待解决

在"双一流"建设的宏伟蓝图中，高校应积极作为，推动科教深度融合，实现科教协同发展的战略目标，从而充分发挥高校与大学科研职能的潜力和价值。然而，我们不得不正视一个长期存在的问题：高校的教学与科研之间始终存在着一条难以逾越的鸿沟。这不仅是高等教育体制改革过程中遇到的一个重大难题，也是社会各界关注的焦点问题。当前，我国高校中普遍存在的"重科研轻教学"现象，进一步加剧了科教之间的矛盾。这种倾向使得科研与教学之间难以形成有效的互动和融合，严重影响了高校教育质量的提升和科研创新的发展。同时，在教师选拔和评价体系中，我们也看到了明显的不合理和不公平现象。学术论文、职称、学历、奖项等往往成为主要的评价标准，而实际的教学成果往往被轻视甚至忽视。这种评价体系带有强烈的功利主义色彩，使得教师评价明显偏向科研型教师，教学本位被边缘化。

为了深入解决这一难题，需要从多个方面入手。首先，高校应加强对教学工作的重视和投入，提升教学质量和水平，使其成为评价教师绩效的重要指标之一。其次，我们需要构建更加科学、全面、公正的教师评价体系，综合考虑教师的科研成果、教学成果、社会服务等多个方面，以更全面地评价教师的贡献和价值。最后，我们还应积极推动科教融合的创新实践，探索教学与科研相互促进、共同发展的新模式和新路径。总之，科教融合是高等教育发展的必然趋势，也是提升高校综合实力和竞争力的关键所在。应深入思考和解决科教融合难题，推动高校教学与科研的有机融合，实现科教协同发展的目标，为培养更多优秀人才、推动社会进步作出更大的贡献。

四、现行评价方法待完善

众所周知，一流大学和一流学科的建设是一个动态发展的过程，需要与时俱进，不断适应时代的发展变化。这种动态性、竞争性决定了我们必须建立一种灵活科学的教师评价体系，以充分尊重教师的个性化发展，提升学校在"双一流"建设中的竞争力。然而，当前的高校教师评价方法却存在一些问题。过度强调一次性评价和总结性评价，往往忽视了教师在教学过程中的新变化和新发展。同时，这种评价方式也未能充分考虑到教师知识更新和素质提升的可持续性，从而影响了教师的专业发展质量和积极性。因此，有必要对当前的高校教师评价方法进行改进和完善，使其更加科学、灵活和具有针对性。通过建立更加合理的评价标准和机制，可以更好地激发教师的积极性和创新精神，推动他们在教学和科研工作中不断取得新的成果，为"双一流"建设作出更大的贡献。

第三节 中部高校人事制度改革中面临诸多问题

一、顶层设计有待完善

目前,高校在岗位配置与编制管理方面自主权限有限,导致人事工作的顶层设计与发展规划相对薄弱。其一,岗位数量不足。受限于编制核定和总量管理滞后,高校岗位数量供不应求,同时专业技术职务比例也受到限制,阻碍了优秀人才的引进、提升与发展。其二,缺乏退出机制。当前,大多数高校尚未建立有效的教师退出机制,岗位竞争不足,人才流动缓慢,激励措施如绩效、晋升、岗位转换等相对滞后,影响了教师积极性和创新精神的发挥。其三,考核评价失真。部分高校对教师设定的考核目标与实际情况不符,任务完成情况的评估流于形式,难以反映真实效果;还有高校采用统一的评价标准,未能充分考虑不同学科和人才的特性。其四,绩效激励效果有限。虽然多数高校已实施绩效工资制度,但仍有部分高校存在基础绩效偏高、奖励绩效偏低的问题,工资与职级、工龄的关联仍未打破,无法充分体现工作业绩和实际贡献,导致部分教师缺乏进取动力。

二、制度协同性不足

高校人事制度间的协调与融合问题,对人力资源管理的效果以及学校发展目标的实现具有重要影响。首先,激励与评价机制不健全。当前多数高校虽已实施聘用制度,通过业绩和聘期考核来筛选人才,但受人才资源短缺和目标设定模糊所限,评价标准显著偏低,流于形式,未能形成有效的进退机制。其次,分类评价体系不完善。尽管许多高校尝试对教师进行分类管理，但尚未建立针对不同类别教师的差异化评价体系，评价指标同质化现象严重，未能充分反映学科和岗位差异，影响了教师的专业发展和职业成长。最后，岗位管理与薪酬体系脱节。理论上，高校的薪酬分配应基于业绩和贡献，而非单纯以岗位定薪。然而，当前不少高校的薪酬体系仍停留在以岗定薪的传统模式，导致薪酬分配与岗位贡献不匹配，高职级低贡献者薪酬偏高，而低职级高贡献者薪酬偏低，这与薪酬分配和绩效管理的初衷相悖。

三、保障机制有待完善

人事制度改革是一项综合性工程，涉及人事制度本身以及管理体系、科研体制、服务保障等多个方面。首先，管理体系尚不完善。尽管部分高校已实施校院二级管理，但"校办院"现象依旧存在，学校行政力量在人才队伍规划、人事改革及人才评价中占据主导地位。学院层面的自主决策权和话语权相对有限，常处于执行、配合、服从的角色，对改革持有一定的畏惧、疲惫甚至抵触情绪。其次，科研机制僵化。许多高校尚未形成灵活的团队进出、流动、合作与考评机制，导致团队凝聚力不足、方向分散、积极性受挫。政产学研合作不够紧密，科技创新成果转移转化困难，实际效益不高，科学研究与实际应用脱节。最后，发展环境有待优化。当前，高校对管理部门和行政人员的责任追究制度不足，导致师资队伍规划、资源配置、教师发展及工作条件保障等方面存在不足。此外，学术委员会、教授委员会等专家决策机制需进一步健全，文化氛围的营造与提升仍需整体推进。

第五章

中部高校校园文化现状

马克思主义文化哲学认为：文化是人类的生存方式和实践形式，是人类在社会生活中不断创造、积累和发展的物质财富和精神财富，是从人的思维和行为方式中不断归纳总结而形成的具有规范性的社会意识形态。[①] 文化是人类社会实践的产物，人们创造出文化，但文化又反过来制约着人们的实践活动。正如威斯勒说"文化是一个社群或部落所遵循的生活方式"（严峰，2005）。文化的实践意义有助于我们更好地来辩证分析人才观念与人才制度之间的相互作用，而且是在一个较长的时间轴中，来看待和分析这些作用的发展和变化过程。

校园文化产生于校园的教学、科研、管理、实践及工作生活中，是一所学校在办学历程中长期所积淀形成的共同的价值取向、思想观念、思维方式以及物质文化形式等（杨悦新，2017）。因此从某种意义上来说，校园文化是缔结校园关系的规范，更是在潜移默化中影响和指引师生活动的调控与支配手段。

在同一大的制度环境下，每所高校的校园文化大体是相似的，但是不同地域，尤其是中部和东部沿海发达地区的高校，在发展过程中也会因为自身特点形成独特的校园文化，这种文化也会反过来作用于学校的发展，作用于人才队伍的建设。因此，理

[①] 陈立旭：《文化的力量：浙江社会发展的引擎》，浙江大学出版社 2008 年版，第 1 页。

解、辨析中、东部高校校园文化的差异，将有利于我们更好地弄清中部高校人才软环境的问题所在。

第一节 新时代高校校园文化建设的基本要求

一、坚守中国特色社会主义道路，是高校文化建设坚定不移的根本导向

我国的高等学府作为社会主义教育的重要阵地，其文化建设务必体现鲜明的中国特色，这既是对历史的传承，也是对未来的承诺。在推进高校文化建设的进程中，必须坚定不移地维护马克思主义的指导地位，确保这一科学理论在高校文化中的核心引领作用。同时，还应深深扎根于中国特色社会主义的伟大实践中，汲取养分，汲取智慧，不断推动高校文化的创新发展。为了加强思想引领，我们必须牢牢把握意识形态工作的领导权，确保高校文化建设的正确方向。在教书育人的全过程中，更应注重培育和践行社会主义核心价值观，让这一价值观念深入人心，成为广大师生的共同追求和自觉行动。通过这样的努力，不仅能够为高校的持续发展提供强大的精神动力，也能够为培养担当民族复兴大任的时代新人奠定坚实的基础。

（一）高校文化建设必须坚持马克思主义意识形态的指导地位

历史的长河已经充分证明，马克思主义不仅是经得起实践考验的科学理论，更蕴含着无比强大的真理力量。在中国，马克思主义的传播之旅最早便是在高校知识分子与青年学生中播撒下希望的种子。经过无数次的历史选择和人民考验，马克思主义已经深深植根于我们立党立国的根基之中，成为我国高校最为鲜明的精神旗帜。作为中国共产党领导下的高等教育机构，我们高校的

核心属性便是坚守中国特色社会主义的办学方向。党的十九大报告中指出："意识形态决定文化前进方向和发展道路。"① 高校文化建设必须坚定以马克思主义意识形态为逻辑起点。这不仅是高校办学的鲜明特色，更是其独特的优势所在。当前，全球化与信息化浪潮汹涌，国内外形势复杂多变，社会思潮与意识形态领域的较量愈发隐秘而激烈，多元文化碰撞频繁。高校作为高素质人才的摇篮和文化创新的高地，因肩负特殊使命、思想活跃、人员结构复杂，已成为意识形态斗争的关键领域。面对多元意识形态对马克思主义一元指导地位的冲击日益加剧，高校文化建设肩负着更为艰巨的使命，即凝聚师生在理想信念、价值观念和道德准则上的共识。通过文化建设，我们必须牢牢把握意识形态的主动权、主导权和话语权，更加迫切地强化马克思主义在意识形态领域的指导地位。

"高校是意识形态工作的前沿阵地"，"我们的同志一定要增强阵地意识。宣传思想阵地，我们不去占领，人家就会去占领。"② 高校文化建设必须坚定马克思主义的指导地位，用马克思主义理论深刻武装师生思想，时刻坚守高校意识形态的领导权，从而清晰描绘出中国特色高校文化建设的演进轨迹，并圆满履行立德树人的神圣使命。高校文化建设应持续将习近平新时代中国特色社会主义理论与实践融入人才培养的每一个环节，坚定维护高校文化建设的社会主义方向。同时，高校文化建设应引导师生保持清醒的头脑，在意识形态斗争中勇于担当、积极作为，树立正确的价值导向，守护好高校这块精神高地。

（二）高校文化构建应扎根中国特色社会主义文化实践

党的十九大报告深入剖析了中国特色社会主义文化的思想根

---

① ② 《习近平在中国共产党第十九次全国代表大会上的报告》，人民网，2017 年 10 月 28 日，http://cpc.people.com.cn/big5/n1/2017/1028/c64094-29613660.html。

源，明确指出："我们的文化根基，深深植于中华民族五千多年的灿烂文明，融合了党领导人民在革命、建设、改革历程中创造出的革命文化和社会主义先进文化，它的生命力源自中国特色社会主义的实践。"① 近年来，党和国家的思想文化建设取得了长足进步，比如中国特色社会主义和中国梦的理念已深入人心，社会主义核心价值观及中华优秀传统文化得到了广泛传播和弘扬，国家文化软实力和中华文化影响力显著增强，全党全国的思想凝聚力也更为牢固。这些成就，正是中国特色社会主义实践结出的硕果。高校文化不仅是其重要组成部分，更为其注入了丰富的价值内涵和先进理念。高校应致力于丰富新时代中国特色社会主义文化的思想内涵，真实反映其伟大实践，这正是高校文化建设的应有之义。

高校文化建设需紧扣人民关切的核心议题，不忘初心，方能行稳致远。中国共产党人的初心和使命，即是为人民谋幸福，为民族谋复兴。为人民创造更美好的生活，始终是我们党的坚定追求。哲学社会科学研究作为高校文化建设的关键环节，应发挥其独特优势。我们需紧跟时代步伐，关注人民需求，面向未来，加快构建具有中国特色的哲学社会科学体系。特别是要坚持以问题为导向，聚焦人民最关心、最直接、最现实的问题，如教育公平、就业、社会保障、脱贫攻坚等，进行深入系统的研究，形成具有实际应用价值的成果，不断满足人民对美好生活的向往。

在新时代的征程中，高校文化建设须不断汲取中国特色社会主义实践的生动经验，从而进一步充实其文化内核。时代的伟大在于它孕育出卓越的实践，而这些实践又塑造了卓越的人民。高校文化建设应充分发挥其在思想宣传工作中的优势，积极梳理并传扬新时代的杰出人物、事迹与精神，注入时代的崭新气息，增

① 《习近平在中国共产党第十九次全国代表大会上的报告》，人民网，2017年10月28日，http：//cpc.people.com.cn/big5/n1/2017/1028/c64094-29613660.html。

强其时代特征，使高校文化保持旺盛的生命力。我们应深入钻研、领悟习近平新时代中国特色社会主义思想，为中国特色社会主义事业的蓬勃发展提供坚实的理论基石和积极的舆论环境。这一思想，作为马克思主义中国化的最新理论成果，是在中国特色社会主义伟大实践中孕育出的行动指南。高校应借助文化建设的契机，发挥其平台、队伍和资源的优势，努力成为研究、传播习近平新时代中国特色社会主义思想的重要前沿阵地。

高校文化建设应以社会主义核心价值观教育为核心。国家与民族的繁荣，离不开文化的蓬勃发展。若无文明的传承与创新，若无文化的推广与昌盛，中国梦的实现便无从谈起。价值观在文化中占据核心地位，文化的力量，首要源自其价值观的影响力。历史与现实共同印证，核心价值观乃国家之重要基石。能否构建出具有强大凝聚力的核心价值观，直接关系到社会的和谐稳定，关系到国家的长期安宁。社会主义核心价值观，作为当代中国精神的灵魂，既承载着深厚的历史底蕴，又立足于坚实的现实基础，是保持民族精神独立性的重要支撑。高校文化建设应加强对社会主义核心价值观内涵的深入研究和阐释。这一价值观蕴含丰富的思想内涵和深远意义，具有强大的道德感召力，代表着民族的崇高理想和人民的幸福追求。我们应将理论与实践、历史与现实相结合，清晰阐述社会主义核心价值观的独特品质和实践要求，确保广大师生能够深刻领会、准确把握并有效实践。高校文化建设更应注重引导师生自觉践行社会主义核心价值观，使之成为师生行为的指南和动力源泉。

二、坚持文化传承创新是高校的重要使命

大学乃知识之守护者，更是文化之承袭者、创新者、弘扬者。高校应坚定以马克思主义中国化之最新硕果武装师生头脑，以中国特色社会主义之理想汇聚人心，以社会主义核心价值观引

导思潮，时刻将文化建设视为办学之根本要素，肩负文化传承、创新及传播之历史重任。若无中国特色社会主义文化之繁荣，则社会主义现代化难以成真；同理，大学文化若未能兴盛，高等教育现代化亦难以为继。因此，必须遵循党的十九大精神之指引，精心规划高校文化建设顶层设计，确立与大学办学实际相符的文化建设目标，从而开创高校文化建设新时代。

（1）传承是高校文化建设的首要命题。高校文化建设之首要任务，便是传承文化。中华文化博大精深，历经五千载岁月，积淀了无数思想文化瑰宝，构成我们深厚的文化软实力。对于构建中国特色社会主义文化，提振全党全国全民族的文化自信，以及推动人类社会文化命运共同体的形成，均具有重要意义。"优秀传统文化是一个国家、一个民族传承和发展的根本，如果丢掉了，就割断了精神命脉。"[①] 高校作为知识密集、教育集中的圣地，学术氛围浓郁，文化气息浓厚，天然具备传承文化的优越条件与不可推卸的责任。党的十九大报告亦指出，中国共产党既是先进文化的引领者与践行者，又是中华优秀传统文化的忠诚传承者与弘扬者。高校对中华优秀传统文化的传承，既承载了历史延续的文化使命，又契合了时代发展的迫切需要。

文化的发展是持续不断的，每一种文化都是在继承前人的基础上不断前行的。中华优秀传统文化，作为中华民族的根基与灵魂，是激励我们不断前行的精神源泉。它是中华民族独特的身份标识，为中国特色社会主义提供了深厚的文化滋养，也是我们屹立于世界多元文化之林的坚实支撑。一个民族若忽视自身的历史与传统，那么这个民族将失去前行的动力，难以在世界舞台上立足。中华优秀传统文化蕴含着深厚的智慧与道德，为认识与改造世界提供了宝贵的启示。

---

① 《2018 年全国宣传思想工作会议》，人民网，http://media.people.com.cn/GB/22114/421094/。

高校文化建设应深刻认识到文化传承的现实意义与时代价值，发掘传统文化中与时代精神相契合的部分，助力提升公民的文化素养，为构建和谐社会贡献力量。推动文化传承，关键在于找到传统文化与当代文化的结合点，实现四个方面的融合，让传统文化焕发新生。首先，要与国民教育相结合，将传统文化融入教育体系，培养青年一代的文化素养。其次，要与学生的日常生活相结合，让传统文化渗透到生活的每个角落，使学生在无形中感受并接受优秀传统文化的熏陶。再次，要与文化创新相结合，继承并发扬先贤的文化遗产，创造更多符合当代审美与价值观的文化作品。最后，要与道德建设相结合，发掘传统文化中的道德智慧，助力构建当代社会的道德体系。

（2）创新文化是高校文化建设的重要任务。文化创新不仅是社会进步与发展的必然诉求，也是文化自身不断进化的内在驱动，更是高校文化建设持续发展的动力源泉。当前，我国社会正以前所未有的速度向前发展，经济实力显著提升，全面建成小康社会、"两个一百年"奋斗目标及中华民族伟大复兴的梦想都日益临近。然而，历史告诫我们，单纯的经济繁荣并不足以支撑社会的全面进步，文化的昌盛同样不可或缺。文化的进步，其核心在于创新。唯有通过文化创新，我们才能不断提升文化软实力，增强国际文化影响力，最终实现富强、民主、文明、和谐、美丽的社会主义现代化国家愿景。当前，高校文化建设面临诸多挑战，如载体单一、精神文化缺乏特色、规划缺乏系统性等，这些问题迫切需要我们在新时代背景下，努力推动高校文化建设的新变革，以激发其更大的发展活力。

首先，高校文化创新必须注重历史文化底蕴的挖掘与发扬。每所高校都承载着独特的历史与传统，这是其文化内核与人文精神的源泉。然而，有些高校却忽视了自身校史文化的价值，盲目追求外来文化的装点，这无疑是舍本逐末。因此，高校文化创新应立足自身，深入挖掘校史中的精神内涵和时代价值，塑造独具特色的精神文化风貌。其次，高校文化创新必须坚持以马克思主义为指导。作为党领导下的高校，我们肩负着传播和弘扬马克思主义思想的重任。因此，高校应通过各种文化形式，广泛宣传马克思主义，激发师生学习热情，为马克思主义文化的创新发展创造有利条件。再次，高校文化创新必须注重德育文化的创新。德育是高校的立校之本，德育文化的创新对于提升学生的思想道德素质具有重要意义。高校应通过创新育人机制，丰富道德教育内涵，完善思想道德教化实践，实现德育文化的真正创新。在创新过程中，高校还需处理好两种关系。一是"守"与"变"的关系。在继承传统文化的同时，要推动其转化创新，实现文化的推陈出新和革故鼎新。同时，要着眼文化现代化，通过时代精神与传统文化的融合，避免"守"与"变"的错位。二是"中"与"外"的关系。在坚持本民族文化的基础上，要批判地吸收外来文化，实现文化的交流互鉴和繁荣发展。这既是对中华文化的传承，也是对世界文化的贡献。高校文化创新是一项系统工程，需要我们从多个方面入手，注重历史文化、马克思主义思想和德育文化的创新，同时处理好"守"与"变"、"中"与"外"的关系，以实现高校文化的全面繁荣和发展。

（3）传播文化是高校文化建设的时代使命。在当下信息爆炸的时代，文化的沟通与扩散虽变得愈发便捷，但这并不意味着中华优秀传统文化能轻易地在全球范围内传播并赢得广泛认可。当前，国内外局势正经历深刻而复杂的变革，社会思想文化和意识形态领域愈显纷繁复杂。马克思主义在思想领域的引领地位正遭遇多元社会思潮的考验，社会主义核心价值观在市场化浪潮中受到冲击，青年一代作为社会主义事业的传承者，其坚定信念同样面临挑战。同时，部分高校在办学方向上的认识模糊、意识形态防线的不稳固、文化建设策略的不尽完善等，均为高校文化传播带来了严重的威胁与挑战。

当前，西方世界凭借着其在科技、传媒和国际贸易体系方面的显著优势，正大力推动文化产品的出口，积极传播其独特的意识形态，从而在全球范围内牢牢掌握了国际文化话语权。面对这种形势，我们必须清醒地认识到，为了在国际文化舞台上取得更为积极、主动的地位，我们必须努力提升我国的文化软实力，增强民族凝聚力，同时不断扩大我国文化在国际上的影响力，提高文化国际地位。在此背景下，高校作为知识与文化高度集中的地方，无疑扮演着举足轻重的角色。高校不仅是民族和国家智慧的展现平台，更是推动文化创新、引领文化发展的重要力量。因此，高校有责任、有义务从民族利益和国家利益的角度出发，积极参与国际文化话语权的争夺，努力扩大中国文化在国际上的影响力、主导力和作用力。为了实现这一目标，高校需要在新形势下加强文化传播，不断创新文化传播的方式和手段。具体而言，高校可以充分利用科研成果的创造性应用，推动高校文化建设的传播方式创新。高校在科教兴国和技术创新中发挥着重要作用，是促进产学研合作、推动科技成果转化为现实生产力的重要力量。在这个过程中，高校文化可以通过科研技术的输出，潜移默化地对企业、机构产生文化影响，进而实现文化的广泛传播。此外，高校还可以借助新媒介的运用，创新高校文化建设的传播方式。传统媒介如广播、电视虽然为高校文化建设的传播发展做出了重要贡献，但在新时代背景下，仅依靠这些传统方式已无法满足现代高校文化传播的需求。随着社交网络的兴起和智能手机的普及，人们的学习方式和信息获取途径发生了深刻变化。高校应紧跟时代潮流，充分利用新媒体技术，通过微信公众号、QQ服务号等新媒体平台，推送符合大众兴趣、关注度高的话题内容，以更加贴近大众的方式传播高校文化。

同时，高校在文化建设过程中还应积极承担服务社会、加强国际交流的职责。高校不仅要做好文化建设本身，更要将文化建设成果向社会传播，通过国际合作与交流向世界展示中国文化的魅力。面向国内民众，高校要讲好大学校园故事、改革故事，传递正能量，增强民族自豪感和文化自信心；面向国际民众，高校要讲好中国故事、人类命运共同体故事，展现中国文化的独特魅力和价值，推动中外文化交流互鉴，增进相互理解与友谊。总之，加强文化传播、增强国际文化话语权是当前高校文化建设面临的重要任务。高校应充分发挥自身优势，不断创新文化传播方式，努力提升中国文化的国际影响力，为构建人类命运共同体贡献智慧和力量。

三、坚持立德树人是高校文化建设的价值引领

教育是国家之根本，人才是民族之基石。高校思想政治工作关系高校培养什么样的人、如何培养人以及为谁培养人这个根本问题。要坚持把立德树人作为中心环节，把思想政治工作贯穿教育教学全过程，实现全程育人、全方位育人，努力开创我国高等教育事业发展新局面。① 高校的文化建设，必须以人为本，把培养德才兼备的人才作为根本任务，发挥时代精神的引领作用，为师生营造优越的文化氛围，助力师生发展，提升校园文化品质，彰显大学的文化精神。

（1）高校文化建设的核心目标是推动师生成长发展。环境具有塑造和改变人的力量，校园文化作为一种特殊的教育环境，能够在无形中影响师生的思想品格，对其成长产生深远影响。对教师而言，文化氛围的优劣直接关系到他们的工作状态与工作热情，以及身心健康。对学生而言，文化氛围同样影响着他们的学习热情、效率以及思想品格的塑造，对身心健康和持续发展至关重要。大学生正处于人生发展的关键阶段，世界观、人生观和价值观尚未完全定型，此时他们迫切需要正确的理论引导。一所拥

---

① 《全国高校思想政治工作会议》，央视网，http://news.cctv.com/special/gxszhy/。

有优秀校园文化的大学，能够为学生提供积极向上的文化熏陶，帮助他们树立正确的三观，培养优良的品德。一是要构建独具一格、内涵深厚的课程文化体系。学校应提供多样化的课程选择，以促进学生全面发展。现代社会对复合型人才的需求日益增强，传统的课程设置已无法满足发展需求。因此，高校应与时俱进，除了必修专业课程外，还应提供丰富的文理艺体课程供学生自主选择，丰富课堂生活，提升学生的综合素质。同时，鼓励教师采用多元化的教学方式，发挥个人教学风格，以提高教学质量，激发教学热情。二是要营造崇尚学术、以生为本的服务文化。高校作为人才培养和科研的重要基地，教师的学术水平和思想道德素质对文化建设至关重要。因此，要提升教师的学术和道德素质，通过奖励学术成果的措施激励良性竞争。同时，针对部分教师对学生培养不够用心的问题，应将学生培养质量纳入教师考核体系，促使教师更加重视学生，形成以学生为本的教学氛围。三是要建设师生共创共享的精神文化平台。学校是一个师生共同组成的大家庭，应通过各种文化活动为师生提供共同成长的空间和机会。只有让师生拥有共同的精神家园，才能拉近彼此距离，形成和谐融洽的氛围，从而有利于学校的长远发展。

（2）优化校园文化品质是文化建设的核心。校园文化作为学校精神风貌、教育理念和价值追求的集中体现，是一种独特的集体文化。深化校园文化的建设，并提升其品质，不仅是推动社会主义精神文明建设的必要一环，也是构建社会主义和谐社会的坚实基石。校园文化作为一种无形的精神力量，其影响力深远，尤其在提升学生的文化素养、塑造思想灵魂、磨砺个性天赋等方面，具有无可替代的重要作用。一个高品质的校园环境，能够凝聚师生的共识，增强师生对学校的认同感和归属感，从而激发出师生参与校园文化生活的积极热情。反之，一个低劣的校园环境则会削弱师生对学校的归属感，降低他们对校园的爱护与维护的积极性，使学校失去应有的温馨与和谐。因此，要营造一个高品质的校园环境，我们必须着力于提升校园文化的品质，通过物质文化与精神文化的双重构建，来满足高校文化建设的基本需求，确保校园文化的健康与持续发展。

首要任务是精心打造独具魅力的校园物质文化。物质文化作为校园文化建设的根基，是校园文化特色的直观体现。高校在规划校园建筑、设计雕塑、命名道路时，应确保布局合理、富有历史底蕴，同时紧密结合学校特色，形成别具一格的物质文化表达。这样，才能构建出与校园文化氛围和精神内核相契合的物质文化载体。其次，应着重加强校园环境建设。校园是师生开展学术研究和学习的重要场所，应保持其纯净的学术氛围。因此，环境绿化在校园文化建设中扮演着至关重要的角色。高校应根据当地的自然环境特点，通过精心设计的绿化工作，营造出人与自然和谐共生的文化氛围，与校园的精神文化相互辉映，共同滋养校园文化。此外，举办丰富多彩、形式多样的文体活动也是至关重要的。高校的文化底蕴不仅体现在物质层面，精神层面同样不可或缺。文体活动作为精神文化生活的重要载体，对于提升学校对师生的吸引力、优化校园人文环境、增强师生凝聚力具有重要意义。高校应积极举办各类文体活动，以全面提升学生的综合素质，丰富他们的课余生活，为他们的身心健康和全面发展提供有力支持。

（3）弘扬大学精神是文化建设的根本追求。大学文化不仅承载着学校的历史与传统，更是塑造学校灵魂的基石。每所大学都拥有其独特的精神标识，这是其区别于他校的核心特质。高校文化建设应致力于将本校的文化精髓和精神内核融入日常教学实践中，使之深入师生心中，并通过易于理解的方式向大众推广。在弘扬大学精神的过程中，需注重以下几点：首先，要珍视大学精神的独特性。大学精神是学校在长期发展过程中积淀而成的独特标识，它不应被泛化或模式化。当前，部分高校在表述大学精神时存在雷同现象，导致大学精神失去了其应有的意义和价值。

因此，高校应深入挖掘本校的文化底蕴，总结凝练出具有辨识度的大学精神，使之成为学校的亮丽名片。其次，要重视大学精神的育人性。高校作为培养人才的重要场所，其核心使命是促进学生的全面发展。大学精神应成为连接学校与学生的情感纽带，发挥其在育人过程中的重要作用。高校应通过潜移默化的方式，将大学精神融入教学实践中，培养学生的独立思考能力和平等精神，使他们成为具有社会责任感和创新精神的优秀人才。最后，要关注大学精神的时代性。随着时代的进步与发展，大学精神也应与时俱进，不断适应时代的需求。高校在弘扬大学精神时，既要保持其传统内涵的延续性，又要结合时代精神进行创新和发展。只有这样，大学精神才能始终保持鲜明的时代特征，为学校的长远发展提供有力支撑。

第二节　中部高校校园文化建设存在的问题

一、校园文化建设的行政化

大学行政化现象及其问题已广为人知，主要体现在两大方面：其一，学校管理深受地方政府部门影响，独立性与自主性受限；其二，学校管理过于模仿政府模式，行政权力压制学术权力，导致学术民主与思想自由受损。众多新本科院校多隶属于省级教育行政部门，领导与行政人员被纳入相应行政序列。在行政化背景下，学校的社会地位与资源分配常受限于行政级别，运作多遵循上级政府指令，学校级别越高，官场气息越浓，学术氛围则愈显淡薄。

在高度行政化的管理模式下，高校文化氛围易受到官本位思想的影响，官僚主义盛行。因此，校园文化建设往往显得僵化，失去活力与包容性。一方面，行政权力频繁干涉学术权利，束缚师生思想自由，破坏校园和谐。校园文化建设变得功利化，迎合领导，多停留在文件与会议层面，缺乏实际行动。有些校领导为追求政绩，甚至采取不实手段。另一方面，校园文化建设中，师生主体地位被忽视，主观意愿得不到尊重，削弱了校园文化的群众基础和社会认同，不利于文化的传承与发扬。公众参与渠道不畅，民主决策机制不完善，师生意见与建议难以被充分吸纳。

二、校园文化建设的功利化

在当下社会环境的熏陶下，大学校园早已不再是昔日静谧的学术圣地，商业化的浪潮席卷其中，各种市场因素与商业行为纷纷渗透，使得校园文化沾染上了浓厚的功利色彩。如今的部分大学生，其理想信念、政治热情与社会激情日渐消退，他们更加关注个人目标和自我价值的实现。当面临个体权利与社会责任、个人利益与集体利益、自我规划与整体发展等冲突时，他们往往倾向于将自我实现和个人利益置于首要地位。在大学里，一些教师为了迎合科研评价的硬性要求，往往倾向于选择那些成果产出迅速、影响扩散快的研究领域。为了追求快速达到考核和晋升的标准，部分教师甚至不惜牺牲道德底线和尊严，制造出一些看似光鲜但实则空洞的研究成果。在师生关系上，原本纯粹的导学关系逐渐被商业化的雇佣关系所替代，这种异化使得师生之间的情感纽带变得薄弱。

校园文化的功利化倾向，无疑给校园文化建设带来了极大的挑战。它直接导致了校园文化建设在思路和内容上的功利主义倾向。一方面，受到市场经济的冲击和短期利益的驱使，部分大学管理者过于看重教学业绩和科研成果，而忽视了对学生人格的培养和文化的熏陶，对校园文化建设采取消极应对的态度，甚至迎合部分人的时尚追求，从而加剧了校园文化建设的功利化趋势。

另一方面，部分高校在加强校园文化建设、提升精神文明素质的过程中，过分强调了制度管理，注重制度约束，却忽视了通过营造文化氛围来引导学生。这种管理方式虽然能在表面上维持秩序，但却无法真正解决学生思想上的问题，反而可能导致学生对学校管理制度产生抵制、反感甚至阳奉阴违的态度。校园文化的功利化不仅在一定程度上加剧了校园文化建设的功利主义倾向，还使得校园氛围日益浮躁，这对于大学校园的长期发展无疑是不利的。因此，我们需要深入反思并寻求有效的措施来扭转这一趋势，让大学校园重新回归其应有的学术氛围和文化底蕴。

三、校园文化建设的形式化

包容性校园文化的构建、传承与展现，既需注重外在形式的呈现，更需深入挖掘其内在精髓；既要打造亮丽的"外在形象"，更要夯实坚实的"内在基础"。换言之，高校的包容性校园文化，应是在办学理念、发展目标、校风学风、环境布局、建筑设计等多个层面实现形式与内容的和谐统一，尤其要凸显本校应用型专业的鲜明特色。然而，实际工作中，部分高校的文化建设常偏离实际，忽视师生真实意愿，未能从学校实际出发、展现独特的办学特征，往往陷入形式主义的泥沼，忽视办学历史与未来发展规划，仅关注眼前利益，缺乏长远眼光。这些院校常以文化创新为幌子，高喊空洞口号，制定不切实际的规章制度，热衷于短期行为，偏爱追求快速见效的表面工作，而忽略长远利益和师生需求。这导致校园文化建设看似热闹，实则缺乏内涵、个性和实效，难以得到师生的真正认同。显然，在校园文化建设中，若脱离实际，过分追求形式，忽视内涵建设，极易陷入形式主义的误区。在一些高校中，时常可见一种矛盾且荒诞的现象：在物质文化建设上，对校园绿化、楼宇建筑、道路设计等"显性"硬件设施倾注大量精力，追求奢华的外观，然而对于学校长远发展、办学理念、核心价值、校风学风等"隐性"软件设施却缺乏足够的重视。在行为文化培育上，部分高校虽通过标牌、标语、横幅等形式规范师生行为，但往往停留在表面，未能深入人心。这种重形式轻内涵的做法，不仅无法真正塑造出独特的校园文化，反而可能阻碍学校的长远发展。

四、校园文化建设的保守化

中部很多高校的文化建设主要聚焦于技术应用层面，相对而言，学术积淀尚显不足，这导致其校园文化常显保守与封闭之态，如同"先天养分不足，后天成长乏力"。为了改善这一状况，众多高校开始积极尝试与探索，边摸索边累积经验。但遗憾的是，由于缺乏系统理论指导与丰富实践经验，部分院校在校园文化建设中表现出思想保守、思路局限的问题，存在明显的保守主义倾向。在校园文化建设中，许多高校眼界不够开阔，缺乏长远规划，往往难以持之以恒，导致文化建设半途而废，缺乏必要的积累与沉淀。有些院校甚至直接套用研究型高校的校园文化建设模式，忽略了自身的独特性与基础。此外，一些本科院校过于注重理科教育，轻视文科教育，只强调技能培养，忽视了理论教育的重要性；只关注应用技术能力的培养，而忽略了学生的人文素养和道德教育的培养。更为严重的是，为了应对上级教育部门的检查与评估，部分院校存在"临时抱佛脚、敷衍塞责"的现象。一旦检查评估结束，这些原本为了应付检查而设立的文化项目便无人问津，最终不了了之。这种短视行为，无疑进一步加剧了校园文化建设的困境。

第六章　凝聚有利于人才发展的价值共识

第一节　用鲜明的大学精神凝聚人心

大学之道，在明明德，在亲民，在止于至善。大学不仅是一个组织实体，更是一种精神存在①。大学精神是一所大学的本质特征在精神层面的展示与反映，可以理解为大学发展的理想、信念和价值追求。通过对大学个性、理想、信念等精神文化建设内容的高度凝练和整合，大学精神具有鲜明的现实性，更能凸显一所大学的气质、气韵、品位和品格。大学精神在漫长的历史和文化的积淀过程中，投射了大学师生的精神祈望和价值建构，成为大学的灵魂和大学生命力的源泉②。

我们熟知的大学的校训就是制度化的大学精神。北京大学的"思想自由，兼容并包"；清华大学的"自强不息，厚德载物"；复旦大学的官方校训是"博学而笃志，切问而近思"，更深入人心的则是民间校训"自由而无用"；南京大学百年校庆时确定了"诚朴雄伟，励学敦行"的校训，但南京大学最早的校训"嚼得菜根，做得大事"更彰显了南大人艰苦创业、追求

---

① 刘玉敏：《大学精神谈论》，华中科技大学博士学位论文，2004 年。
② 程光泉：《哲学视野下的大学理念、大学精神、大学文化》，载《北京师范大学学报》（社会科学版）2010 年第 1 期。

卓越的风骨。这些大学校训，和大学一起穿过漫长的历史岁月，经过提炼和铸造，浸润着一代又一代大学师生的精神空间，成为镌刻在他们灵魂深处的信念、追求和价值观，甚至外化为行为准则。鲜明而独具风格的大学精神和校训，因为被师生员工一致认同而深深熏陶和影响着大学里面的每一个人，给他们提供了正确的价值导向和高尚的精神追求导向，就如"明明德"一样，明确了师生员工哪些可以为，哪些可以不为；反过来，大学的师生员工的精神风貌和行为准则也在影响和塑造着大学精神，使之逐渐内化为一所大学深层次的群体意识，最终达成内在的共通性和契合性。大学精神具有的凝聚、激励和感染的作用，是潜移默化的、细致入微的，是可以对师生员工产生凝聚力和归属感的。这种凝聚力和归属感构成了一所大学无形的、独一无二的魅力，一方面让师生员工发自内心地热爱自己的学校，另一方面，也吸引优秀人才主动加盟，成为大学的一分子。

中部地区是中华文化发祥、传承的主要地区，拥有丰富的人文资源，河洛文化、三晋文化、徽文化、荆楚文化、湖湘文化等内涵深厚、源远流长，代表着中华传统文化的精华部分。"管中窥豹可见一斑"，笔者梳理了软科 2021 年中国大学排名中中部六省排名前 20 名高校的校训，发现 5 所大学的校训有"厚德"，分别有 4 所大学的校训都有"求是"和"博学"，3 所大学的校训有"笃行"，"求真""自强"和"创新"也均出现在 2 所大学的校训里（见表 6-1）。这些校训虽然文辞雅致、内涵丰富，但并没有充分展示中部地区高校办学的文化特色和精神特征。笔者建议，中部高校应充分吸收中部传统文化的精华，如河洛文化的爱国为民、无私奉献、自强不息、奋发有为，三晋文化的开放、务实、求新，荆楚文化的创业、开放、创新、爱国、和合精神，湖湘文化的淳朴、重义、勇敢、自强等，提升大学精神的文化涵养，用鲜明的大学精神凝聚人才，聚揽天下英才。

表 6−1　　软科 2021 年中部六省排名前 20 名高校校训

学校	校训
中国科学技术大学	红专并进，理实交融
华中科技大学	明德厚学，求是创新
武汉大学	自强、弘毅、求是、拓新
中南大学	知行合一，经世致用
湖南大学	实事求是，敢为人先
华中农业大学	勤读力耕，立己达人
华中师范大学	求实创新，立德树人
中国地质大学（武汉）	艰苦朴素，求真务实
郑州大学	求是、担当
武汉理工大学	厚德博学，追求卓越
中南财经政法大学	博文明理，厚德济世
南昌大学	格物致新，厚德泽人
合肥工业大学	厚德、笃学、崇实、尚新
湖南师范大学	仁爱、精勤
安徽大学	至诚、至坚、博学、笃行
河南大学	明德，新民，止于至善
湖北大学	日思日睿，笃志笃行
湘潭大学	博学笃行，盛德日新
武汉科技大学	厚德博学，崇实去浮
山西大学	中西汇通，求真至善，登崇俊良，自强报国

第二节 用精准的目标定位振奋人心

目标管理是管理学的一种方法，由美国管理学家德鲁克于20世纪50年代提出，被称为"管理中的管理"，是实现管理创新的经典理论。目标管理既强调完成目标，又重视人的作用，最为核心的就是人力资源。该理论广泛应用于企业管理领域，也被推广到高校、医院、政府机构等非营利性组织。高校人才集聚，师生员工主要由高级知识分子组成。这个群体的特征之一就是满足了基本物质需求、心智成熟，按照目标管理理论，正是"有责任心的人"①。管理的首要任务就是使组织的总目标成为成员的共同目标。在"双一流"建设背景下，通过明确高校的目标定位，是建设世界一流高校还是建设世界一流学科，以此凝聚师生员工组织共同的发展愿景和一致的努力方向，以实现高校发展目标和个人发展目标高度契合。目标不仅能为管理决策指明方向，还可以对人产生巨大的激励作用（见图6-1）。目标的激励作用体现在多个层面：首先，当目标确立后，它如同明灯指引方向，让人才预见未来，从而鼓舞士气，提升精神面貌，并激发他们的奋斗动力；其次，在目标的实施过程中，由于目标的设定具备前瞻性和挑战性，需通过不懈努力方可达成，这有助于激发人才的主动性和创新精神；最后，当目标得以实现，人才的期望和追求得到满足，他们看到自己的成果和进步，心理上会产生一种成就感和骄傲感，这将进一步激发他们以更高的热情和信心迎接新的挑战，追求新的目标。中部地区作为中华传统文化的发祥地，其文化底蕴有着强烈的人本主义色彩。目标管理关于"有责任心的人"的假设与儒家思想"以人为本、以德为先、人为为人"和

---

① 许一：《目标管理理论述评》，载《外国经济与管理》2006年第9期。

"诚、信、和"的实质内涵基本相通，更容易激起高校人才强烈的归属感和认同感①。

图6－1　目标、人才、激励之间的相互作用

高校的目标管理与美国心理学家马斯洛的需求层次理论有着高度的契合性。根据马斯洛的需求层次理论，人类的需求由低到高共分为五个层次，分别是生理需求，安全需求，归属和爱的需求，尊重需求和自我实现的需求②。人的需求有一个从低级向高级发展的过程，人在每一个时期，都有一种需要占主导地位，而其他需要处于从属地位。这五种需求是与生俱来的，需求的满足成为激励和指引个体行为的力量。对高校的人才而言，归属和爱的需求、尊重需求和自我价值实现的需求应为高校实现管理目标而重点激励的需求。比如，归属和爱的需要（belongingness and love need）指一个人要求与其他人建立感情的联系或关系的需要。基于此，高校应该积极营造和谐温馨的人际关系氛围，为高

① 许一：《目标管理理论述评》，载《外国经济与管理》2006 年第 9 期。
② 陈敬：《马斯洛需求层次理论的应用》，载《中国水泥》2015 年第 6 期。

校人才搭建同事间交流沟通的平台，开展有组织的文体比赛等。尊重需要（Esteem needs）指自尊和希望受到别人的尊重，自尊的需要使人相信自己的力量和价值，使得自己更有能力、更有创造力。基于此，高校应该建立一整套人才激励机制，选择在教师节等特殊节点隆重表彰人才在人才培养、科学研究、社会服务等方面为学校所作的贡献。自我实现的需要（self-actualization need）指人们追求实现自己的能力或者潜能，并使之完善化的需要。在人生道路上自我实现的形式是不一样的，每个人都有机会去完善自己的能力，满足自我实现的需要。自我实现的需要是人的最高层次的需求，也是人最高品质的体现。高校人才对自我价值实现的需求比较高，高校应该充分认识到这一点，尽可能创造条件让人才充分发挥自己的主观能动性和自我潜能，让人才实现自我价值的目标与学校发展、"双一流"建设的目标同向前行、同频共振。人才在成就自我的同时，比如在教书育人、开展学术研究、成为教授、博士生导师以及入选各类人才工程等过程中，也成就高校"双一流"建设的发展，最终实现人才发展与高校"双一流"建设目标的和谐共赢。

第三节　用尊重人才的共识稳固人心

尊重人才是中华民族的传统。党的十八大以来，全社会形成了尊重劳动、尊重知识、尊重人才、尊重创造的良好氛围。人是科技创新最关键的因素，在"双一流"建设背景下，高校更是应该强化人才强校的发展战略，在全校上下，树立识才、爱才、敬才、用才的共识，人才为本、信任人才、尊重人才、善待人才、包容人才，全方位培养、引进、用好人才。

尊重人才，就是要树立人才是第一资源，是学校发展的战略资源的意识，充分认识到人才在高校"双一流"建设中发挥的重要作用和价值。人才具有自我增值、自我发展、自我成长的巨大潜能和主观意识，而人才的素质已经成为一个国家和地区经济社会发展越来越倚重的根本①。

高校应坚定地将人才强校作为核心发展战略，以渴求贤才、珍视人才的热忱，积极引进、汇聚和善用人才，从而在校园内形成新老传承、人才济济的积极氛围。在人才培育方面，我们应坚持自主培养与引进人才并重，精心规划，为人才的成长创造良好环境；在引进人才方面，要秉持开放包容的态度，努力打造国际领先的人才聚集地；在人才使用上，应充分发挥每个人的专长，推动人才事业达到新的高峰。同时，要不断深化人才制度的改革，建立多样化的人才评价体系，坚持改革与创新并重，形成具有中国特色、世界水平、符合学校特色的人才发展机制；还要建设一流的人才服务保障体系，积极落实各项措施，关心人才成长，为人才提供高品质的工作和生活环境。

当前，很多高校都设立了人才工作办公室，从人才发展的需求和创业干事的要求出发，建立人才服务专员制度、"一事一议"工作制度等，为高校人才排忧解难，关心人才成长。但人才工作绝不仅是人才工作办公室的工作，而是要在全校凝聚尊重人才的共识，建立专门化、一体化、信息化、便捷化的高校人才工作体系，学校人才工作领导小组统筹全校人才工作，制订人才政策和人才规划；人才工作办公室具体承接人才工作，做好各类人才的引进、培养、使用、评价和激励，以及人才配偶工作安置等方面的相关工作；财务部门负责资金保障，整合师资队伍建设经费，按需动态调整资金分配，最大限度发挥资金引才效能；科研管理部门组织人才申报各级各类科研项目和科研成果奖项，引导人才发表高水平学术论文、出版高水准学术著作，制定科学合理的科研评价体系，为人才构筑良好的科研环境；资产管

---

① 冯超：《习近平新时代人才观研究》，东北师范大学博士学位论文，2021 年。

理部门、校医院、后勤保障部门、校工会等负责人才各类保障性服务保障，含人才公寓、医疗服务、子女入学等，不断推动人才工作有序开展，为助力中部高校"双一流"建设作出新的更大贡献。

第
七
章　建设有利于人才发展的校园文化

　　高校作为国家的文化高地，肩负着为党和国家培养社会主义
合格建设者和可靠接班人的重任。高校校园文化作为中国特色社
会主义文化的重要组成部分①，不仅为人才培养提供精神动力，
而且是涵养高校人才发展的重要软环境之一，并且深厚的文化积
淀能为世界一流大学高地发展提供充分的养分。校园文化的内涵
至今没有统一的界定，但普遍认同的一个观点是高校校园文化是
校园中所有成员共同创造形成的一切物质和精神财富的总和及其
这种创造的形成过程。校园文化可以分为物质文化、精神文化、
制度文化等②。从有利于人才发展且对人才发展起着至关重要影
响的软环境角度，笔者重点论述的是学科文化、学术文化与和谐
的人际关系氛围。

第一节　建设以人才为中心的学科文化

　　学科是大学最基本的组成单元，而人才是学科这个基本组成
单元里面最核心、最关键的元素。学科文化是在学科知识与学科
组织的发展过程中形成的比较稳定的学科软实力，蕴含着学科发

---

　　①　蔡桂珍：《新时期高校校园文化建设研究》，福建师范大学博士学位论文，
2013 年。

　　②　杨立英：《网络思想政治教育论》，人民出版社 2003 年版，第 44 页。

展的精髓与深层理念。① 有学者提出，学科文化既是大学功能之所在，也是大学功能之底色②。学科文化是大学校园文化生发的源泉，也是大学校园文化最重要的组成部分。作为校园文化之核，学科文化因学科不同而独具特色。学科文化易被当作"只能由其成员含糊地感受到而不易为外人所知觉"的"难以把握"之物，但学科文化在学科知识和学科组织发展的过程中，逐渐形成了一套独立的知识理论体系，指导学科成员以特定的学科方法论、价值观念、思维方式和学科习惯等进行规范化的知识生产与传播。

学科文化是一种组织文化。组织文化是西方组织管理理论的一个重要学术流派。威廉·大内的《Z理论——美国企业界怎样迎接日本的挑战》、帕斯卡尔和阿索斯的《日本的管理艺术》、迪尔和肯尼迪的《公司文化》以及彼得斯和沃特曼的《追求卓越——美国最成功公司的经验》，都对组织文化进行了界定。应用到高校管理领域，组织文化就是高校在其管理实践中逐步形成的、为全体师生员工所认同并遵守的、带有大学特点的使命、愿景、宗旨、精神、价值观和经营理念，以及这些理念在学科发展、管理制度、员工行为方式与对外形象的体现的总和。学科文化的实质是以人为本，因为学科文化无论是内涵发展还是外延拓展，都离不开人才队伍的支撑和建设。处于学科组织系统中的人才在高校组织文化的导向、约束、凝聚和激励功能作用下③，能朝着一个方向，齐心协力，形成强大的学科发展的凝聚力和向心力。

学科文化还是一种以高深知识传播为载体的知识文化。伯

---

① 肖楠：《大学学科文化的育人功能研究》，大连理工大学博士学位论文，2013年。
② 别敦荣：《大学无处不文化》，载《高教论坛》2020年第12期。
③ 钱福良：《组织文化：大学高层次人才引进与稳定》，载《中国成人教育》2011年第17期。

顿·克拉克提出，"知识是包含在高等教育系统的各种活动之中的共同要素：科研创造它，学术工作保存、提炼和完善它，教学和服务传播它"①。可见，知识是大学和学科的核心和基础，是贯穿高等教育发展全过程的核心要素。不同的学科代表不同的知识体系，不同学科知识体系之间存在着不同的知识结构。托尼·比彻提出了知识的强制性结构和关联性结构的概念："强制性结构是指逻辑严谨的一系列观点，就像我们做拼图一样，每一个新的学术发现都天衣无缝地镶嵌进这幅图画里。关联性结构表示各种观点链接松散，没有很强的关联性，没有很强的整体发展框架。"② 对照托尼·比彻的划分，现有的社会科学、人文学科和自然科学三大知识体系，前两者属于关联性知识结构，后者属于强制性知识结构。不同学科文化因其知识结构的不同而大相径庭，有着完全不同的学科哲学、学科价值观念、学科精神和学科伦理规范等。比如，与自然科学和社会科学不同，人文学科是关于人类价值和精神表现的人文主义学科，关心的是价值和意义，而自然科学关心的是事实和规律，社会科学关心的是组织和效率。

归根到底，人才是学科文化的关键因素，而学科是人才队伍赖以发展的载体和必不可少的平台。中部高校要重视建设以人才为中心的学科文化，把学科建设作为一切工作的出发点，以文化为内容，以文化引导为根本手段，给人才营造宽松的教学、科研环境，以激发学科组织系统中的人才的主动性和自觉行为③。通过学科文化的熏陶和影响，作为"全面发展的文化人"的人才，在潜移默化中认同大学的目标愿景、价值理念，自觉自愿将个人

① 伯顿·克拉克：《高等教育新论：多学科的研究》，王承绪等译，浙江教育出版社2001年版，第89页。

② 托尼·比彻、保罗·特罗勒尔：《学术部落及其领地：知识探索与学科文化》，唐跃勤、蒲茂华、陈洪捷译，北京大学出版社2015年版，第147页。

③ 李余生、张怀国、殷辉安：《高校学科文化及其建设探讨之学科文化的涵义》，载《地质科技管理》1998年第S1期。

目标向组织目标靠拢，形成"双一流"建设的强大合力。

第二节 构建风清气正、自由竞争的学术文化

学术的良性发展离不开良好的学术文化。广义而言，高校学术文化是指师生员工在治学精神、治学态度和治学方法等方面的风格，也是全体师生知、情、意、行在学习问题上的集中表现，由治学的精神动力、学术操守、研究态度、钻研方法等诸多因素所共同凝聚，在全体师生的身体力行之中，逐渐固化、稳定而形成学校传统。在高校学术生态环境中，学术文化是基础土壤，它由学术共同体中的成员共同营造，又深刻影响着共同体中的每一位成员。高等教育的价值在于创造知识、创新技术，探索和发现真理。[①] 其精神本质在于学术上的不断创新、突破，筑牢基础研究之基，铸造应用研究之梁。耐得了寂寞、守得住初心、抵得住诱惑，是高校学者做好学问、搞好研究的前提。学术本应是一种强大精神内驱力主导下的高尚精神活动，是具有先进科学技术和创新、严谨、诚信品格的活动。[②]当下，高校学术圈不时爆出学术不端案件，对学者、学科和学校来说，都是严重的学术声誉打击，其负面影响甚至危及学校"双一流"的建设。高校学术之泉想要正本清源、回归本真，必须得是标本兼治。严惩个案是标，必要且立竿见影；学术文化是本，困难但长治久效。

学术文化是否优良，决定一所高校"学术种芽"的存活率、长势以及繁衍传承。在良性土壤的培育下，学术新芽可以遵循学

---

① 张学军：《现代大学精神缺失下的学术风气》，载《中山大学学报论丛》2007 年第 7 期。

② 王姗姗：《端正学术风气促进高校学术道德建设》，载《辽宁师专学报》（社会科学版）2020 年第 6 期。

术发展规律，有序竞争，茁壮成长，以至蔚然成林，薪火相传；而在劣性土壤的侵蚀下，学术新芽或会遭受揠苗助长之苦，或被裹挟走向歧途，甚至迈入濒危序列。"学术文化、学术风气的质量制约着大学学术活动的品质，能否用学术大师的学术风范来引领校园学术风气的发展，能否让原创、开拓、进取、严谨的学术精神占据校园学术风气的主流，是一所大学能否履行生产知识，塑造精神，传播真知，启迪心智的关键。"① 因此，根除学术土壤中的腐败因素，构建风清气正、自由竞争的学术文化，是当前中部高校吸引人才、留住人才、创造人才，持续产出高水平学术成果的必由之路。

中部高校构建风清气正、自由竞争的学术文化，必须要加强科研诚信教育，筑牢学术道德自律防线。"遵守学术规范只是对学者从事学术活动的最低要求"②，也是学者起码的学术良心所在，"依靠准则规范和自律、诚信的品格来维系，"③ 它属于道德层面的约束，需要狠抓思想教育手段，达到科研诚信的自律精神，切实入脑、入心。学校应在本科、研究生新生入学教育以及新任教师岗前培训中，将科研诚信列为重要一讲，在《大学生手册》《高校教师守则》中明确学术诚信的有关条文，枚举身边科研失信鲜活案例，敲响学术道德警钟，让师生在科研的起点形成对科研诚信的高度重视，对学术道德产生敬畏之心，切实把好源头关口。将学术规范教育明确纳入第一课堂，给予一定的必修课时，通过专业教师持续性引导、示范性表率，让学生在对学术道德产生敬畏之心的前提下，真正能够学通、弄懂、会用学术规范，以规范的科研方法，开展科研工作。学校要定期开展好警示教育，通过每年开展科研诚信教育专题活动的方式，不断强化宣

---

①② 梁仲明：《关于营造大学和谐学术环境的若干思考》，载《西北大学学报》（哲学社会科学版）2008 年第 1 期。
③ 王姗姗：《端正学术风气促进高校学术道德建设》，载《辽宁师专学报》（社会科学版）2020 年第 6 期。

传国家有关政策和法律法规，让广大师生知法知规；不定期通报剖析国内外最新发生的学术不端事件典型案例，系统性学习学术不端认定和处理办法，在全校范围内营造不想造假、不能造假和不敢造假的学术环境。[①] 让广大师生在从事科研工作中，时刻警钟长鸣，时刻不放松对自身学术道德操守的要求。违法成本偏低在一定程度上会助长违法行为的发生。对待举报的科研失信案件，如果主管单位采取消极对待、模糊处理、推诿塞责，一方面会严重打击社会监督力量的积极性，另一方面则会助长科研失信者继续犯错的嚣张气焰，会造成学术共同体他律机制的退步，不利于构建风清气正的学术文化。因此，必须构建范围明确、受理、调查、认定、惩罚、救济机制完善的科研失信惩戒制度，以切实可行的制度规定，让学术不端举报路径畅通、学术不端调查程序得当、学术不端性质认定清晰、学术不端惩戒有效、救济权利有保障，在学术不端案件发生后，以严明的学术不端惩戒机制，让违反者得到应有的惩罚，让违反规则的成本足以起到警示作用，在发挥规则的个人教育作用的同时，扩大其社会教育的功能，守住最后一道学术道德红线。

高校是一个学术共同体，但并非当下所谓的"圈子文化"，这一学术共同体是学者云集的知识殿堂，朝气蓬勃、自由争鸣，应是一派共生共长的祥和局面。学术共同体这一概念是20世纪英国哲学家布朗依提出来的，他把全社会从事科学研究的科学家视为一个具有共同信念、共同价值、共同规范的社会群体，以区别于一般的社会群体与社会组织，这样的一个群体就被称为学术共同体。但在功利主义的侵蚀下，各种"学术圈子"滋生，在项目申报、评审评奖中形成利益共同体，进行"围标"，让资源得不到合理分配、让学术无法自由交流、让智慧难以碰撞出火

---

① 胡伏湘：《高校学术诚信机制建设研究》，载《湖南邮电职业技术学院学报》2021年第4期。

花，这显然不利于构建自由竞争的学术文化。"学术发展的关键环节不在于吸纳而在于共生，只有共生才有可能有创新，才有学问总量的增长。因此，学术自由、兼容并蓄、观点碰撞、思想交汇应是大学必须倡导的学术风气。"[①] 做学问需要百家争鸣，要的是兼容并包，是彼此学习、共同提升，而非此消彼长的结局。只有以开放、包容、欣赏的眼光对待学术共同体内外的成员，充分交流、自由竞争，以一加一大于二的发展思维，去熔炼各种思想成果，形成再生力量。"在学科交叉、技术集成、知识融合的时代背景下，个人作用越来越小，成就事业的关键在于群体的合力。"[②] 这就需要中部高校在管理办法上不断创新，在组织架构上不断优化，乘着国家"四新"（新工科、新农科、新医科、新文科）政策的东风，加强学科融合与协同，打破专业壁垒、学科边界，大力推动院际沟通、校际交流，发扬学术民主，倡导百家争鸣，构建自由竞争的学术文化。

构建风清气正、自由竞争的学术文化，必须让学术生态得到净化，推动学术研究回归初心使命。对此，中部高校应当积极营造宽松的学术环境和浓郁的学术氛围，抑制浮躁情绪，不盲目追大求多，合理制定科研人员的论文发表要求，对待科研要有足够的耐心和容错机制，杜绝追求数量、轻视质量，倡导研究者持续不断地钻研和付出，尤其是在基础理论研究方面，要对科研人员给予充分信任与支持，给予充足时间与物质条件让其潜心研究，鼓励沉淀、锤炼、产出重大代表性、标志性成果。推动学术回归格物致知的本源，让真正沉下去做学问的人有耐心、有信心、不寒心，以高水平的成果，带动学术共同体整体质量的提升。

---

①② 梁仲明：《关于营造大学和谐学术环境的若干思考》，载《西北大学学报》（哲学社会科学版）2008 年第 1 期。

第三节 营造宽松和谐、和而不同的
人际关系氛围

心理学家阿德勒认为，"人类所有的烦恼，皆来源于人际关系。"[1] 哈佛大学曾做过一项跟踪研究，对不同阶层、不同族裔、不同职业、不同年龄的社会群体调查采访，研究他们的幸福感，并分析影响他们幸福感的因素。研究得出的结论是：良好的人际关系是影响人幸福指数的最大因素。对人际关系的处理决定了一个人的幸福指数，我们认为营造宽松和谐、和而不同的人际关系氛围对构建高校优质人才软环境来说至关重要，甚至在一定程度上，决定了人才留不留得下、稳不稳得住。

一个人总是生活在一定的社会关系中，不可避免地会有各种人际交往。而高校是典型的、城市化的"熟人社会"，人际关系除了以血缘、亲缘和地缘作为连接外，还有学缘、事缘等更具特点和特色的连接因素，较之于传统型乡村性"熟人社会"，是一个更加复杂的"熟人社会"[2]。"熟人社会"是费孝通先生在著作《乡土中国》中提出的一个极富创造性的概念，他认为中国传统社会的人际关系网络是以血缘、亲缘、地缘为基础形成的，"一个熟悉的社会，没有陌生人的社会。""熟人社会"里，高校人际关系的协调和平衡显得尤为重要。师生之间、专任教师之间、教师与行政管理人员之间以及教师与领导之间的关系不仅影响着校园的气氛和师生的情绪，也影响人才投身教育育人、学科建设、科学研究和社会服务的热情与动力，更影响到高校人才的成

① 岸见一郎、古贺史健著，渠海霞译：《被讨厌的勇气："自我启发之父"阿德勒的哲学课》，机械工业出版社 2015 年版，第 344 页。
② 费孝通：《乡土中国》，人民出版社 2008 年版，第 25 页。

长与发展。

　　高校人才在价值观、思维方式、审美情趣和个性特征等方面都存在差异，加上所处的专业、学科、职称和职务的不同，导致一些人才之间，或者人才与管理者之间存在互不信任、互不合作的情况，淡漠甚至紧张的人际关系对人才和高校来说都是百害而无一利，尤其不利于人才积极性和主观能动性的发挥，不利于高校"双一流"建设目标的达成。中部高校在"人才大战"中，要高度重视宽松和谐、和而不同的人际关系氛围的营造，充分利用深厚的文化积淀引导学校的师生员工尊重知识，求同存异，相互欣赏，交流共进。同时，注意发挥各级学术组织、群众团体的黏合和引导的效用，为构建和谐稳定的校园文化环境搭建好平台。

第八章

加强有利于人才发展的制度创新

第一节　发挥学术委员会学术治理作用，充分保障学术权力的独立与自由

高校治理现代化是教育治理现代化体系的关键环节，其核心在于学术治理的深化。鉴于大学的核心属性是学术性，因此，强化学术权力的作用成为大学治理的基石。与社会、公司等领域的治理机制不同，学术治理遵循其独特的运行规律，根植于大学环境之中，并在国家政策的引导下，形成了独特的运作机制。依据《高等学校学术委员会规程》，我国各大学均设立了学术委员会，并制定了相应的章程，旨在充分发挥学术委员会在内部治理中的学术影响力。该规程以完善学术治理体系为出发点，清晰界定了学术委员会的定位和职责，即作为校内最高学术机构，负责学术事务的决策、审议、评定和咨询等职能，并规范了学术委员会的组成和运作方式，强调了教授治学和学术民主的理念。

然而，在实际操作中，不少高校的学术委员会存在制度"虚化"和"悬置"的现象，其议事规则缺乏足够的制度和程序保障。尽管《高等学校学术委员会规程》对委员构成有明确规定，即党政领导职务的委员占比不得超过总数的四分之一，但部分大学为吸纳校级领导和重要职能部门领导进入学术委员会，刻意扩

大委员规模。这种行政权力对学术权力的过度介入，往往导致学术委员会在实际运作中受到党政权力的制约，学术决策易被行政决策替代，出现学术权力依附行政权力或两者间推诿责任等低效治理现象，从而损害了学术共同体成员的权益。

保障学术权力的独立与自由，其本质在于平衡好学术权力、政治权力、行政权力和民主权力之间的关系，尤其是学术权力和行政权力之间的关系，整合学术资源，充实学术委员会的职能，完善学术行政分权机制，构建以学术权力为中心，政治权力、行政权力和民主权力为支撑的学术治理体系，逐步形成内生共治的学术可持续发展机制。纵观世界一流高校的学术治理体系，虽然不完全相同，但都体现出多种权力协同共治的特征。比如，以社会科学研究著称的英国伦敦政治经济学院，由代表政治权力的校务委员会委托校长监管学校一切事务，由代表学术权力的学术委员会负责学术事务，由代表行政权力的校长和管理团队负责行政事务，以学术权力为中心，但学术权力和行政权力相对分离，权责分明，并且注重基层学术组织对学术事务的处置权和民主化管理。美国加州福尼亚大学推行大学治理的核心理念就是共同治理。代表政治权力的董事会处于权力金字塔的最顶层，由它委托学术评议会行驶学术权力，委托校长和管理团队行使行政权力，分别处理学术事务和行政事务。学术权力和行政权力相对分离又相互配合，同时，将民主权力内化于大学治理的过程中，充分体现和保证了教职员工行驶民主权力，兼顾了学术自由与公共利益、教师民主参与和决策的高质量与决策执行的高效率①。

国外一流高校关于学术治理的成功做法为我们提供了借鉴的可能。《国家中长期教育改革和发展规划纲要（2010~2020）》中提出要"充分发挥学术委员会在学科建设、学术评价、学术发

---

① 许晓东、阎峻、卞良：《共治视角下的学术治理体系构建》，载《高等教育研究》2016年第9期。

展中的重要作用。探索教授治学的有效途径，充分发挥教授在教学、学术研究和学校管理中的作用"。中部高校构建优质人才软环境，必须建立健全以学术委员会为核心的学术治理体系，保障校学术委员会作为校内的最高学术机构，统筹行使学术事务的咨询、审议和决策等职权。"明智的大学行政权力当十分自觉地维护学术权力，其基础性工作应是首先保障学术权力的独立性不受侵害。"① 基于此，中部高校应积极探索形成党委领导、校长负责、教授治学、民主管理"四位一体"的共治格局，在明确学术委员会事权的同时，赋予其相应的人事、财政等资源配置权，给予充分的人、财、物的自主权，设置独立的日常办公机构，而不是依附、从属于学校办公室、科研处、发展规划处等职能部门，独立行使学术权力。世界一流的大学有世界一流的教授，世界一流的教授作为学术内行来治理学术，既能大大提高学术决策的民主性和科学性，也会充分发挥教授治校的主人翁意识和高度的责任感，进一步提升学校学术共同体的凝聚力和向心力。同时，要完善学校、学部、学院三级学术治理体系，将学术权力重心下移，充分尊重基层教学科研单位的学术评议意见，并且明确学校学术委员会、学部学术委员会和学院学术委员会之间是指导关系还是被指导关系。学院和学部的学术委员会应该在各自的职权范围内拥有相对独立的学术治理权，增强学部、学院学术共同体成员的学术身份认同感，提升学部和学院学术委员会参与学术治理的积极性与创新驱动力。为保障学术机构的资源配置权，高校还应建立和完善学校层面和各院系层面的学术监管组织，探索以教授治学为主的学术委员会监察体系和运行机制，明确学术委员会进行学术审议、成果评定、咨政议政的独立自由职能，实现学术委员会从"形式制度化"到"实质制度化"。

---

① 钟秉林：《现代大学学术权力与行政权力的关系及其协调》，载《中国高等教育》2005 年第 10 期。

第二节 坚决落实中央"破五唯"，建立分类 分层人才评价体系

2018年2月，中共中央办公厅与国务院办公厅联合印发了《关于分类推进人才评价机制改革的指导意见》。同年10月，教育部办公厅发布的《关于开展清理"唯论文、唯帽子、唯职称、唯学历、唯奖项"专项行动的通知》标志着"破五唯"改革的启动，此后相继出台了多项相关文件。至2020年，教育部办公厅与人力资源社会保障部办公厅共同拟定了《关于深化高等学校教师职称制度改革的指导意见（征求意见稿）》，强调在评审教师职称时，不应过分依赖于论文、专利等量化指标，而需引入更具代表性的成果评价方式。到了2021年，中共中央与国务院联合发布了《深化新时代教育评价改革总体方案》，方案中明确指出，不应将论文数量、项目数量等科研量化指标与教师的绩效和奖励直接挂钩。同年11月，中央教育工作领导小组秘书组再次强调这一原则，并强调评价应更侧重于质量，特别是学术贡献、社会贡献及对人才培养的支持情况。

如何在"破五唯"的基础上"立新标"，已成为高校人才评价领域亟待解决的难题。实际上，"破五唯"并非完全摒弃原有指标，而是力求改变"一刀切"的评价模式，探索如何更加科学、合理地运用论文、职称等指标。因此，建立一个综合性、多元化、多层次的人才分类评价体系显得尤为迫切。人才评价作为人才发展机制的关键组成部分，是人才资源开发、管理和使用的基础。构建一个科学的人才分类评价机制，对于引导人才正确发展、激发其职业热情、调动其创新创业积极性，进而推动人才强国建设具有重大意义。然而，当前我国人才评价机制仍面临分类评价不足、评价标准单一、评价手段趋同等问题，需要我们通过

深化改革，逐一加以解决。

"双一流"高校应将校内人才培养、发展、评价主动适应国家"供给侧"改革和"双一流"评价导向的需要，从探索高校人才分类评价实践出发，将高校人才过程性评价、发展性评价和动态性评价有机结合起来，逐步构建"双一流"高校人才分类评价的理论依据和先进理念，确保人才分类评价机制的科学性、综合性和程序化[①]。具体来说，坚持分类评价，就是推行人才分类设岗、分类考核，坚持共通性与特殊性、水平业绩与发展潜力、定性与定量评价相结合，考虑不同岗位类型人才的品德、知识、能力、业绩和贡献等要素，建立符合高校实际的、科学合理的人才评价标准；突出品德评价，就是坚持德才兼备、品德优先，把个人品德作为人才评价的首要内容，加强对人才科学精神、职业道德的评价考核，摒弃急功近利、心浮气躁等不良风气，从严惩处学术不端行为，建立并完善人才评价诚信体系；科学设置评价标准，就是坚决破"五唯"，坚持以能力、工作实绩和贡献评价人才，注重考察不同岗位人才的履责绩效、创新成果和实际贡献，实行差别化评价；创新多元评价方式，就是建立基础研究人才以同行学术评价为主、应用研究和技术开放人才以市场评价为主、哲学社会科学人才以价值评价为主的评价体系，同时，丰富评价的形式和手段，灵活采用个人述职、面试答辩、考核认定等多种方式进行人才评价；科学设置人才评价周期，就是尊重高校人才成长发展规律，对不同学科的人才合理设置评价考核周期，注重人才的过程评价和结果评价，鼓励基础研究人才和青年人才坚守研究方向和领域，推进持续研究，对他们探索实施长聘期评价制度；同时，注重个人评价与团队评价相结合，除了创新团队负责人，也要

---

① 童锋、王兵：《"双一流"高校人才分类评价的实践探索与理念重构》，载《中国高校科技》2020 年第 11 期。

尊重认可团队所有成员的实际贡献。

中部高校中，中南财经政法大学贯彻实施"破五唯"精神，对专任教师岗位聘用办法进行了一系列的改革。总体思路是围绕"一个中心"（以专任教师为中心），用好"两个抓手"（以分类评价、同行评议为抓手），落实"三个基本点"（对标竞争学科、"双一流"建设监测指标体系和学科评估指标体系，重视标志性业绩成果），做好"四个服务"（服务于人才培养、学科建设、学院发展、学术共同体文化建设），建立"六个维度体系"，即"六维三型立体式"评价体系，围绕师德师风、教育教学、科学研究、社会服务、文化传承创新、国际交流合作六个维度、三种类型（教学为主型、教学科研型、专职科研型）进行系统评价。改革坚持政治导向、系统导向、目标导向、问题导向和融通导向，科学设置岗位聘用条件，激励青年拔尖，做到有所提高、有所优化、有所丰富、有所侧重，标志性业绩成果只增不减、总体学术水平只升不降，充分发挥职称评审的指挥棒作用，让教师既有晋升压力也有进取动力。对人才的分类评价主要体现在：对于不同学科，对标对表，建立各有特色的评价标准。学校建立相对统一的核心指标体系（代表性成果和代表性业绩）；对于不同类型岗位，在岗位基础条件和代表性成果业绩参考条件设置上，体现岗位差异性和导向性，类型不同但是晋升难度相对持平，鼓励教师在学科领域内有所侧重发展并持续投入；建立立体评价维度，从师德师风、人才培养、科学研究、社会服务、文化传承创新、国际交流合作六个维度进行评价，在人才培养中强调教学过程评价；重视同行评议，建设学术共同体文化。建设同行评议专家库，对教学科研型岗位和专职科研型岗位进行代表作的校外同行评议；对教学为主型岗位进行本科课堂随堂录像（附课程材料）的校外同行评议。优化外审机制，将同行专家评价内容纳入学院/学部综合评审环节考量范畴。

上述案例为中部高校落实中央"破五唯"，建立分类分层人才评价体系提供了有益参考。在"双一流"建设背景下，一流的人才和大师更是一流大学的旗帜、脊梁和中流砥柱。为吸引、留住人才，中部高校要充分尊重教育发展和人才成长的规律，既尊重人才能力的差异，也要为不同类型不同学科不同能力的人才提供相匹配的评价制度，让每一位人才都能有为有盼，做到人尽其才、才得其用、职得其人、人事相宜。除此之外，中部高校还应加强人才评价文化建设，提倡开展平等包容的学术批评、学术争论，保障不同学术观点的充分讨论，营造求真务实、鼓励创新、宽容失败的评价氛围和环境，不断优化公平公正的人才评价环境。

第三节　尊重科研规律和人才发展规律，完善多元多维科研评价

科研评价是人才评价的核心要素，也是人才评价的重要组成部分。之所以把科研评价单独成节，重点陈述尊重科研规律和人才发展规律，完善多元多维科研评价的重要性，是因为科研评价对人才的发展发挥着指挥棒的导向作用和关键作用。虽然在当下的教育评价环境下，立德树人和人才培养的重要性日渐凸显，但纵览教育部学科评估和"双一流"动态监测指标体系，科学研究和社会服务所占的比重无疑是最高的。人才培养的效果显现需要一定的时间检验，没有科学研究的即时显示度高，而高校人才面临个人职业发展和职称晋升等一系列的紧迫又现实的生存、生活问题，从这个角度来讲，一所高校的科研评价体系甚至可以决定人才的去与留。

科研评价不仅是高校科研管理的重要手段，而且是从学校层面进行宏观管理和科研资源配置的重要依据，对人才的行为和发展规划具有重要的导向作用。按照不同的维度，科研评价可以分

为定量评价、定性评价和综合评价，也可以分为直接评价和间接评价等。不同的科研评价方法具有不同的局限性。过去的很长时期内，在很多高校适用的以统一、量化为特征的科研评价机制，对调动科研人才的积极性和创造性、提升高校的科研实力发挥了重要作用。新时代、新理念和新发展格局下，面对全面提高质量和创新驱动发展的要求，高校科研评价中的问题日益显现，重数量轻质量、重形式轻内容、重短期轻长远的现象依然普遍；评价指标单一化、评价标准定量化、评价方法简单化、评价结果功利化等倾向没有得到根本扭转；分类评价实施不到位，对社会服务类成果认定、科研成果转化、科学普及等激励不足；科研支撑经济发展和创新人才培养的力度不够；开放评价、长效评价机制不够健全等。具体而言，一方面，严格的量化评价方法会在一定程度上对科研人员行为产生误导①。高校的实践显示，严格的量化评价方法最直接的结果就是"职称导向"的教师没有充足的时间去从事高风险的、长期的、可能产生较大影响力的研究，反而选择容易发表高水平论文的、风险较小的研究。这种唯数量的管理实践使科研评价偏离质量的规定性，外化为数字、期刊权威性等易衡量的指标②。另一方面，就定性评价而言，传统的定性评价已不再适用于拥有庞大数量科研成果的科研评价工作③。而综合评价方法虽然是学者们常用的方式，但是也会存在评价过程和方法不够透明、权威性不足等局限。

不同的评价主体也有一定的局限性。在评价主体上，同行评议（peer review）是科研评价主要的，甚至是唯一的形式。无论是学术论文的审稿还是科研项目的咨询、结项，均须由同一学科

---

① 董彦邦、刘莉：《大学教师科研评价的目的、方法、程序对创新行为的影响——基于对 C9 高校部分理工领域的调查》，载《中国科技论坛》2021 年第 1 期。

② 王顶明、黄葱：《新时代高校科研评价改革的思考》，载《高校教育管理》2021 年第 2 期。

③ 陆万权、宋信强：《基于层次分析法的高校管理人员绩效考核评价研究——以广东某高校为例》，载《高教探索》2017 年第 10 期。

同一领域的学者来完成①。目前，我国高校科研评价多由科研管理部门组织，邀请校内外专家和相关行政管理人员组成评价主体，通过会议评价、通信评价等形式对科研成果进行评价。虽然，同行评议一直被认为是科研评价最重要的方法之一，但同行评议的概念界定和方法体系一直缺乏学术界公认的、明确统一的标准，同行评议的缺陷和不足显而易见。首先，科研"同行"是无法进行精准界定的。由于有些研究跨越了不同的学科边界，其同行评议会涉及不同学科的学术共同体，学术共同体成员在研究价值、研究方法等问题上不容易达成一致意见，甚至会产生较大的意见分歧。并不"科学"的同行评价主体容易导致评价结果的公正性和客观性备受质疑。其次，同行评议的标准很难达成共识。以成熟学科的学术规范作为评议标准去评价跨学科研究以及新兴学科研究难免失之偏颇。这些基于不同学科范式建立起来的评议标准很容易相互冲突，导致评议结果偏离②。正是因为评价标准难以达成共识，同行专家对同一科研成果的科学价值、创新性和社会价值等持"共识程度"也是相对较少的。最后，同行评议不利于教师科研水平的创新。同行专家已经形成一定的科学规范，往往更青睐在规范的知识体系中的研究，而在规范外进行的科学研究，很大可能因为同行专家的保守性，难以得到同行评议人的客观评价。具有高度创新性的科技成果将导致新旧范式交替，在这种交替之际，对于具有科学革命意义的创新思想、理论等，同行评议中可能会采用新旧两种范式来评价而难以达成共识③，从而对研究成果的评价失之偏颇。此外，同行评议中无法回避的是同一个学科领域或学术圈子里，评议人与评议对象间往

① 刘小强、蒋喜锋：《知识转型、"双一流"建设与高校科研评价改革——从近年来高校网络科研成果认定说起》，载《中国高教研究》2019年第6期。
② 李澄锋、陈洪捷：《知识生产方式的转型与同行评议的危机》，载《高等教育研究》2020年第12期。
③ 焦贺言：《浅析科研奖励评审中同行评议的公正性问题》，载《中国高校科技》2019年第4期。

往存在着利益冲突或利益相关性，如经济利益冲突、裙带关系冲突、竞争冲突等，容易产生"学术寻租"行为。

在"双一流"建设背景下，中部高校应积极响应中央"破五唯"的要求，结合学校发展实际构建多维度的科研分类评价体系和多元化的科研评价主体，实施多层面的科研内涵评价，采用多向度的科研评价方法，健全多方位的科研评价管理制度。实际操作实践中，可从以下三个方面着手。

一是制订完善科学的科研目录体系，发挥科研指挥棒作用。高校可通过座谈、访谈、专项课题研究等方式，在全校范围凝聚科研破"五唯"的共识。在坚持分类评价的原则下，树立以影响力为纲的评价理念，坚持科研评价聚焦有学术影响力、政策影响力和社会影响力的标志性学术成果，采用计量评价与专家评价相结合的"代表作评价"方法，重点考核代表性成果的政治立场、理论创新、实质学术贡献和社会贡献度；同时，坚持完善同行评价机制，注重个人评价与团队评价相结合、"小同行"和"大同行"相结合，突出同行专家在科研评价中的主导地位。在《关于规范高等学校 SCI 论文相关指标使用　树立正确评价导向的若干意见》《关于破除科技评价中"唯论文"不良导向的若干措施（试行）》等教育部、科技部等上级文件精神的指导下，制订新的中外文期刊目录指南，引导科研工作者在高质量学术期刊发表学术论文。进一步优化智库成果评价体系，建立论文、专著、决策咨询报告等协调并重的多元多维评价体系。

二是优化奖励体系，发挥科研奖励牵引和导向作用。应坚守质量奖励的导向，特设高校科研质量奖项。针对教师取得的各类研究成果，我们进行二次评估，以更精准地判定其质量。在学术评价中，需明确标准，不应仅看重作者的排名，而应结合成果的创新性、学术影响力、同行专家的公开评价、论文或专利的质量、引用率等多元指标进行综合评价。同时，考虑到理论研究、实验研究、基础研究与应用研究各有其特点，应进行全面且客观的评价。必须承认，成果质量的衡量并非易事，无论是国内还是国外的评价体系，都存在一定的局限性，无法完全确保评价结果的准确性。然而，评价本身具有推动进步的作用，即使高质量的成果仅占一部分，也能达到一定的评价目标。此外，还应坚持创新奖励的导向，设立高校科研创新奖项。创新是推动经济社会发展的核心动力，通过激励创新，能引导高校教师将科研工作建立在创新的基础之上，避免无意义的重复研究，真正发挥高校科研平台、经费和资源的最大价值。在创新奖励中，应重点关注重大创新、基础创新和原创性创新。同时，我们还应坚持贡献奖励的导向，设立高校研究贡献奖项。这一奖项应侧重于对教师科研成果的长期考察，确保其成果经过足够时间的实践检验。研究贡献奖应反映教师成果对学术进步、经济社会发展以及人才培养质量的积极影响。国内很多高校都在完善人才发展服务保障体系上进行有益探索，按照政策及合同约定落实好人才服务的配套条件保障，致力于构建一个有益于人才持续发展的优质内外环境，积极营造崇尚知识、珍视人才的浓厚氛围。例如，西安交通大学实施的 PI 制为人才施展才华提供了广阔的舞台。学校不仅全面推行常任轨制度，还针对青年拔尖人才特别推出了独立的 PI 制，赋予他们在研究方向、平台建设、经费使用、团队组建和学生培养等方面的充分自主权。在评价人才时，学校坚持创新能力、质量和贡献为核心标准，结合全面与重点、定量与定性、年度与聘期、个人与团队等多重维度，既认可全面发展的"全能冠军"，也欣赏某一领域卓越的"单项能手"，尤其关注具有标志性意义的业绩。此外，学校还高度重视青年人才的起步支持，设立专门的学科建设或科研管理经费用于扶持青年拔尖人才。这部分经费根据学科分类和研究特点进行定额分配，同时鼓励青年人才根据自身研究需求提出平台建设方案，学校将组织专家进行论证并提供专项支持，以确保他们能够迅速开展高水平的研究工作。对于业绩突出的研究人员，学校还给予科研经费奖励，以此激励他们持续产出高水平的成果，进一步激发他们的创新创造热情。

三是以开放包容的姿态延揽海外人才，引入国际化评价体系。国际化是"双一流"建设的题中应有之义。中部高校应探索对人才的科研成果进行"小同行"函评的同时，利用先进的融媒体技术邀请国内外"大同行"进行面试。采用国内外"小同行"函评方式，充分考虑学科差异，邀请国内外知名专家，明确不以论文的数量和发表的期刊、科研获奖等作为评价标准，重在看其在国际学术前沿、国家重大需求、国民经济主战场等方面的实际贡献、学术活跃度和行业影响力，请评审专家给出具体推荐意见；邀请国内外著名高校的学科"大同行"专家担任面试评委（线上＋线下），按照理、工、医、人文社科等不同学科领域及基础、应用等不同类型分类评估，以质量、贡献和潜力为评价导向，着重观察人才的成果是否把握国际学术前沿和国家重大需求、是否对学科未来发展起到了重要支撑作用等给出综合评价意见；综合"小同行"函评和"大同行"面试评审意见，科学合理地对人才的代表性成果进行评价，突出研究成果质量、原创价值和对经济社会发展实际贡献。

第四节　构建以服务为导向的人才发展保障体系

功以才成，业由才广，人才聚则事业兴。"双一流"建设背景下，一个学校的优势学科处于什么建设水平，表明了这所学校在全国及世界高校中的地位如何[①]。而以高水平学科带头人为代表的高校人才队伍对学科建设成功起着决定性的支撑作用，是高校人才发展保障体系服务的对象。服务导向的研究是基于个体特

---

① 赵莉香、勾红叶、蒲黔辉、杨莹：《高校二级学院一流师资队伍培育与政策支持体系建设研究》，载《中国多媒体与网络教学学报》2021年第1期。

征的视角，该视角下服务导向的个体具有乐于助人、周到细致、体贴入微和易于合作的特质。从组织层面来定义服务导向主要是基于两个视角，一是将组织服务导向视为一种特定的组织氛围；二是组织服务导向能被员工的感知所测量。换到高校这个组织环境中，也就是说，学校致力于创造一个激励行政教辅队伍为人才提供优质服务的工作环境，以积极的服务氛围影响行政教辅队伍的服务行为，从而在服务保障和服务质量人才方面形成中部高校独特的优势。

完善人才服务保障体系，应坚持以人为本理念，把管理即服务的理念贯穿人才发展的全过程，进一步深化人才发展体制机制改革。体制顺，则人才聚、事业兴。中部高校要充分整合全校的人才服务资源，各职能部门必须坚持密切协作，各负其责，严格按照服务导向的工作流程和要求，高效率、高质量地完成人才发展保障的各项服务工作。落实人才优惠政策，为引进人才提供全方位、贴心式服务。比如，通过为引进人才提供安家费、生活用房、子女教育等待遇，使优秀人才生活安心、工作顺心。要坚持服务至上，主动与人才加强联系，听取他们的意见建议，解决他们的实际困难，确保服务措施不断完善，让人才引得进、留得住、发展好。要强化人才专门服务，建设人才综合服务平台，为人才开辟专门的"绿色通道"，细化保障措施，探索实行"一站式"窗口服务。还要不断完善可持续人才服务保障体系。一般情况下，引进青年人才在到岗前三年会面临平台建设、队伍建设、科研启动、教学过关等问题，学校除了在生活上解除人才的后顾之忧，还要在职业发展上助力帮扶。比如，通过年度总结、中期评估等，及时发现青年人才发展中遇到的问题，请专家给出今后发展的建议，指导他们今后该如何发展。引才关键在于引心，越是高层次人才越注重事业的发展、人格的尊重、环境的宽松。高校不仅要以求贤若渴的诚意引进人才，更要营造宽松和谐的创业环境、学术氛围，给予持续的人文关怀，坚持事业留人、氛围留人、感情留人。

国内很多高校都在完善人才发展服务保障体系上进行有益探索，按照政策及合同约定落实好人才服务的配套条件保障，致力于构建一个有益于人才持续发展的优质内外环境，积极营造崇尚知识、珍视人才的浓厚氛围。例如，西安交通大学实施的 PI 制为人才施展才华提供了广阔的舞台。学校不仅全面推行常任轨制度，还针对青年拔尖人才特别推出了独立的 PI 制，赋予他们在研究方向、平台建设、经费使用、团队组建和学生培养等方面的充分自主权。在评价人才时，学校坚持创新能力、质量和贡献为核心标准，结合全面与重点、定量与定性、年度与聘期、个人与团队等多重维度，既认可全面发展的"全能冠军"，也欣赏某一领域卓越的"单项能手"，尤其关注具有标志性意义的业绩。此外，学校还高度重视青年人才的起步支持，设立专门的学科建设或科研管理经费用于扶持青年拔尖人才。这部分经费根据学科分类和研究特点进行定额分配，同时鼓励青年人才根据自身研究需求提出平台建设方案，学校将组织专家进行论证并提供专项支持，以确保他们能够迅速开展高水平的研究工作。对于业绩突出的研究人员，学校还给予科研经费奖励，以此激励他们持续产出高水平的成果，进一步激发他们的创新创造热情。

探索有利于人才发展的人才特区

第一节　中部高校创设人才特区的缘由

高校"人才特区"的设立，不仅顺应了我国高等教育改革发展的迫切需求，也满足了国家对于人才深度开发的实际需求，这一创新动向标志着近年来我国高校在人才管理机制与政策上的新变革。深入剖析高校"人才特区"兴起的原因、内涵及发展模式，并总结其实践经验，对于指导未来高校"人才特区"的发展方向，推动其向制度化和规范化迈进，具有重要的启示意义。"人才特区"这一概念的提出，实际上是对我国经济特区理念及经验的拓展，将其引入人才领域。早在 2001 年，深圳便率先在这一领域进行探索与实践，显著提升了其人才整体竞争力。随后，2003 年党中央、国务院召开的全国人才工作会议，正式提出了人才强国战略，这一战略强调了树立与新时代、新任务相适应的科学人才观，旨在推动我国从人口大国向人才资源强国转变。这一战略的实施，促使"人才特区"在全国范围内得到推广，北京、上海等多个省市纷纷展开人才特区建设试点。特别是 2011 年，北京市以实施关于中关村国家自主创新示范区建设人才特区的若干意见及行动计划为主线，加快了人才特区建设的步伐。中关村人才特区作为中央人才工作协调小组亲自指导建设的首个国家级人才特区,其成功实践为全国各地的人才特区建设提供了宝贵经验和示范。自 2010 年全国人才工作会议以来,随着一系列关于人才发展及教育改革的文件相继颁布,"人才特区"的概念逐渐从社会经济领域渗透到高等教育领域,成为众多知名高校实施"人才强校"战略、深化人事制度改革的重要抓手。这一过程不仅彰显了"人才特区"理念的广泛影响力,也反映了高等教育对于人才工作的高度重视与积极响应。

一、打造"人才特区"对于加快人才强国与创新型国家建设至关重要

新世纪以来,我国秉持"人才资源为首要资源"的发展理念,继 2003 年提出"人才强国"战略后,2006 年全国科学技术大会又确立了"2020 年建成创新型国家"的目标。无论是人才强国战略还是创新型国家建设,其核心焦点均聚焦于人才与科技,最终均归结于人才的力量。在《国家中长期人才发展规划纲要 (2010~2020 年)》中,第三章"体制机制创新"明确提出了"创设人才特区"的政策构想,鼓励地方和行业结合实际情况,建立与国际接轨的人才管理改革试验区。在国家人才发展规划纲要的引领下,我国地方政府积极响应,纷纷提出建设"人才特区"的目标,并在人才政策和体制机制方面进行创新探索。2011年底,重庆率先启动了六个市级"人才特区"建设试点,其中五个特区均设在国家级开发区,如高新区和经济开发区,而重庆理工大学成为唯一一所高校试点单位。同样,南京大学也被列为江苏省首批"人才特区"试点单位,并且是江苏高校中唯一的试点单位。这些举措都彰显了我国在人才特区建设方面的坚定决心和积极行动。

二、"人才特区"是高校对国家人才战略的主动适应

随着国家人才战略的深入实施，海外高层次人才引进工作不断加速。在这一背景下，中组部陆续推出了多项人才计划，包括2008年的"千人计划"、2010年12月的"青年千人计划"、2011年8月的"外专千人计划"以及2012年9月的"万人计划"，逐步构建了高端人才的"百千万"战略布局。受到国家政策的引领和激励，各地政府也积极行动起来，高度重视海外高层次人才等高端人才的引进工作。他们纷纷参照国家的长江计划、千人计划、万人计划等模式，制定并推出了各具特色的地方人才工程或引才计划。作为高端人才的主要聚集地，高校更是积极响应国家号召，不失时机地创建"人才特区"。这一举措旨在通过体制机制的创新探索，吸引和留住更多的高端人才。通过"人才特区"的建设，高校不仅能够为人才提供更好的发展环境和条件，还能够推动学校整体科研水平的提升，进而为国家的创新驱动发展作出更大贡献。因此，可以说建设"人才特区"是高校主动适应国家人才战略转变的重要体现，也是推动高校自身发展的重要举措。

三、"人才特区"是高校实施"人才强校"战略必然选择

近年来，我国近代杰出的教育家、清华大学前校长梅贻琦先生提出的名言："所谓大学者，非谓有大楼之谓也，乃大师之谓也"，受到了广泛的引用和讨论。这一观点深刻揭示了大学的本质和核心，即大学的价值并非仅仅在于其宏伟的建筑，而在于那些卓越的学者和大师。因此，"人才强校"已经成为众多高校追求一流水平、实现跨越式发展的关键战略选择。为了进一步吸引

和聚集高层次人才，建设"人才特区"成为高校的重要举措。在高等教育的发展历程中，我国一直高度重视师资队伍的建设。1999 年，当"985"工程一期启动时，北京大学便明确提出，建设世界一流大学的关键在于建设一支世界一流的教师队伍。这一指导原则充分体现了师资队伍在大学发展中的重要地位。到了2004 年，"985"工程二期计划启动，北京大学进一步明确了以队伍建设为核心，以机制创新为动力，以交叉学科为重点的指导方针，这进一步强化了师资队伍建设的战略地位。[①]

清华大学作为我国高等教育的另一所重要学府，也一直在积极探索和实践人才强校战略。2011 年 11 月，清华大学召开了首次人才工作会议，明确提出要以改革创新精神深入推进人才强校战略。会议强调，高水平师资队伍是学校人才工作的核心，要努力培养和引进学术大师、教学名师和战略科学家，建设具有国际竞争力的高水平师资队伍。[②] 这一举措不仅彰显了清华大学对于师资队伍建设的重视，也为其他高校提供了有益的借鉴和启示。可以说，建设"人才特区"、推进人才强校战略，已经成为我国高等教育发展的必然趋势。通过不断加强师资队伍建设，提升教师的学术水平和创新能力，可以期待我国的高校在未来的发展中取得更加辉煌的成就。

四、"人才特区"是高校在人才管理体制机制上的积极创新

近年来，得益于国家宏观政策的积极引导，我国高等教育领域在人才管理体制机制改革方面取得了显著突破。具体来说，高

---

① 彭珂珊：《高校人才强校战略的思考》，载《科学新闻》2008 年第 9 期。
② 《清华大学推进人才强校战略打造高水平师资队伍》，载《中国教育报》2011 年 11 月 15 日。

校已经普遍实施了"按需设岗、公开竞争、择优聘任、合同管理"的用人机制，以及"按岗定薪、优劳优酬"的岗位津贴分配制度，这些创新举措极大地推动了高校人才管理的科学化和规范化。然而，在探索协同创新、引进国际人才的道路上，高校现行的人才管理制度与国际通行模式之间仍存在一定的差异和挑战。为了进一步深化高校人事制度改革，提升学校的整体创新能力和竞争力，许多高校纷纷加快了建设"人才特区"的步伐。这一举措旨在通过创新体制机制，吸引和集聚国内外优秀人才，推动高校与科研院所、企业之间的深度合作与人员流动，从而优化人才队伍结构，提升学校的创新能力和社会服务能力。针对这一重要举措，《教育部、财政部关于实施高等学校创新能力提升计划的意见》明确指出："高校应建立以任务为牵引的人员聘用方式，通过灵活多样的用人机制，增强对国内外优秀人才的吸引力和凝聚力，努力造就一批协同创新的领军人才与团队。同时，高校还应积极推动与科研院所、企业之间的人员流动与合作，共同构建开放创新的人才生态系统。"这一指导意见为高校建设人才特区提供了重要的理论支撑和实践指导。通过建设"人才特区"，高校将能够更好地适应新时代高等教育发展的需要，推动人才管理制度的国际化与现代化，为国家的创新驱动发展战略提供有力的人才保障和智力支持。

第二节 "人才特区"的内涵分析

人才特区究竟"特"在何处？这需要我们从丰富的实践中寻找答案。江苏省早在 2004 年就提出了"人才特区"的概念，其核心在于特定区域或行业内，通过一系列优先和特殊的政策、体制、机制、资金投入以及环境建设，为人才工作提供有力保障，打造独特的工作模式。① 而中关村国家自主创新示范区在构建人才特区时，更是强调在特定区域内实施特殊政策与机制，以人才优先发展战略布局引领经济社会发展全局，打造与国际接轨、与市场经济体制相适应的人才体制。② 重庆市委人才工作领导小组办公室也为市级人才特区制定了"六有"标准，这些标准凸显了特区在目标、人才、政策、机制、保障和氛围等方面的特殊性③。综合来看，人才特区的核心特性在于其"优先性"和"特殊性"，这些特区在特定区域内开展，旨在承担改革探索、创新试验和窗口示范等多重功能，展现出先行先试、勇于探索的精神。正如"摸着石头过河"一般，人才特区在实践中不断摸索，为人才工作的开展开辟了新的道路。

具体而言，"人才特区"是指在特定单位实施专项人才政策，以重大科学问题或关键技术为引领，以首席科学家为团队核心，通过灵活高效的用人机制，优化人才成长环境，提高人才资源利用效率，进而打造高水平的科技创新平台。在特定区域内，"人才特区"围绕人才引进与培养，制定并实施特殊政策，形成独特的工作机制与模式，成为吸引海外高层次人才回国创新创业的重要基地。④ 南京大学在打造"人才特区"方面，致力于构筑创新高地，瞄准国家发展急需和国际前沿领域，依托国家重点研究基地，如国家重点实验室，在学科发展、平台建设、队伍建设、经费使用及项目组织等方面拥有较大自主权。经过学校审批设立的高层次人才聚集高地，这一"人才特区"概念从社会经济领域引入高校，既保留了其原有的优先性和特殊性，又因高校

---

① 《江苏将全力打造"人才特区"建立一流人才集散港》，载《现代快报》2005 年 1 月 12 日。

② 《中关村国家自主创新示范区建设人才特区的若干意见》，载《北京日报》2011 年 3 月 21 日。

③ 张国圣：《高校"人才特区"怎么建?》，载《光明日报》2012 年 7 月 8 日。

④ 《北京航空航天大学"人才特区"实施办法（试行）》，北京航空航天大学，2011 年 11 月 29 日。

的特殊属性而凸显其学术特区的性质。① 实际上，高校对"人才特区"并不陌生。博士后政策作为改革开放后最早的人才特区政策，高校是其政策实施的重要场所。这一政策起源于美国，始于1876年的霍普金斯大学。1985年，在李政道先生的倡议下，邓小平同志亲自决策创立了我国的博士后政策。它是在特殊时期、特殊领域、特殊环境下，由特殊人物推动和促成的特殊政策。

从深层次的内涵来看，我国高校的"人才特区"展现出诸多鲜明的特征，这些特征不仅定义了其独特的性质，也揭示了其在高等教育体系中的重要作用。首先，它具有显著的特定性。这种特定性体现在多个方面：空间的特定性意味着"人才特区"往往位于高校内部的某一特定区域，形成相对明确的物理边界；对象的特定性则表明这些特区是针对某一类或某几类特定的人才群体而设立的；时间的特定性强调特区政策在某一特定时间段内实施，具有时效性；而基础的特定性则是指特区建立在特定的学科背景、科研条件或教育资源之上。这些特定性共同构成了"人才特区"的基本要求和重要特征，使其能够在特定条件下对特定对象产生特定的效果。其次，高校"人才特区"还表现出鲜明的特殊性。这种特殊性体现在多个维度：权利的特殊性意味着特区内的人才享有超出一般标准的特殊权益；待遇的特殊性体现在为他们提供的优厚条件和福利待遇上；要求的特殊性则是对特区人才在科研、教学等方面提出的高标准、严要求；成效的特殊性则是指特区在人才培养、科研创新等方面取得的显著成果和影响力。这种特殊性使得"人才特区"成为高校中的一块特殊区域，它既具有时间和地域范畴的概念，又可能在未来逐渐普及化，成为一般性的做法。值得注意的是，权利和责任是相互对等的。既然"人才特区"享有特殊权利和待遇，那么它也必然需要承担

---

① 南京大学：《打造"人才特区"构筑集聚创新高地》，千人计划网，2010年12月24日，http://www.shuobozhaopin.com/News/752011112912129.html。

特殊的要求和完成特殊的成效。正如有学者所言，权利与责任是密不可分的。在享受权利的同时，也必须承担起相应的责任。这种责任既包括对特区内部工作的认真履行，也包括对特区外部环境的积极影响和贡献。最后，在构建和运营"人才特区"时，我们需要充分考虑其权利与责任的平衡，确保其在享受特殊待遇的同时，能够充分发挥其特殊作用，为高校的发展做出积极贡献①。

第三节　中部高校"人才特区"建设的路径优化与策略考量

深入观察分析我国各大高校"人才特区"的建设现状，不难发现，那些提出并实施"人才特区"战略的高校，无一不是在高等教育界具备较高地位、拥有前瞻视野、积极作为、特色鲜明的学府。这些高校以"人才特区"建设为核心引擎，致力于强化高层次人才的汇聚与培养，以此作为实现自身转型升级、迈向更高发展阶段的关键举措。为了进一步深化高校人事制度的改革进程，中部高校必须敢于突破传统的人事体制机制束缚，加大在构建具备特殊体制、机制、政策、保障及氛围的"人才特区"方面的探索力度。这不仅是高校自身发展的迫切需求，也是适应时代变革、提升国际竞争力的必然选择。在构建"人才特区"的过程中，需要注重体制的创新，机制的灵活，政策的精准，保障的完善，以及氛围的营造，为高层次人才提供一个施展才华、实现价值的广阔舞台。具体而言，中部高校应结合自身特色和发展定位，制订符合自身需求的"人才特区"建设方案。在人才

① ［法］法约尔著：《工业管理与一般管理》，周安华等译，中国社会科学出版社1982年版，第24页。

引进方面，应更加注重人才的创新能力和实际贡献，而非单一的学历或职称；在人才培养方面，应提供更加灵活的培养机制和个性化的成长路径；在人才评价方面，应建立更加科学、公正、透明的评价体系，激励人才持续创新与发展。

一、营造开明睿智、大气谦和的"人才特区"建设文化氛围

纵观国内外知名大学的发展历程，不难发现，高端人才是推动高校迈向卓越的关键力量，是引领经济社会发展的重要引擎。这些人才不仅是学术领域的佼佼者，更是引领潮流、推动创新的领军人物。从战略视角审视未来，尽管高校在人才、资金、资源以及体制机制等方面面临着诸多挑战，但高层次人才，特别是那些学术造诣深厚的顶尖人才，仍然是制约我国高校向世界一流大学迈进的核心因素。可以预见，一所大学的未来地位与成就，其核心在于是否拥有一支卓越的人才队伍。随着人才的重要性日益凸显，高校必须突破现有的办学局限和体制机制束缚，以高瞻远瞩的战略思维、宽广的国际视野和包容的胸怀，从世界各地吸引优秀人才。同时，高校还需系统梳理并不断完善人才引进、评价、选拔、培养、使用和激励等方面的规章制度，打造一个全新的、有利于人才成长和发展的"制度空间"。

为了加速汇聚高端人才资源，我们还应积极构建一个全方位、多层次、宽领域的引智体系。在这一过程中，营造一种开放包容、开明睿智、大气谦和的"人才特区"建设文化氛围显得尤为关键。这种文化氛围不仅能够增强高端人才的归属感和向心力，还能激发他们的创新潜能和团队协作精神。例如，上海财经大学强调以"情、礼、利"为引导，吸引、留住并充分发挥高端人才的作用；苏州大学则坚持"开创事业吸引人才，创造条件留住人才，营造氛围培养人才，投入感情凝聚人才"的理念；江

南大学则提出"引才的关键是引心，引才的目的是聚智"，强调要用未来的事业发展激发人才的热情，用真诚的沟通打动人才，用细致的服务感动人才。这些做法都为我们营造"人才特区"建设文化氛围提供了宝贵的借鉴和启示。[①]

二、打造国际化的人才评聘机制

随着"2011 计划"的深入实施，高校"人才特区"建设获得了强有力的政策保障和优质的发展平台。中部高校应充分利用国家、省级以及校级三级协同创新中心的资源优势与开放窗口，制定符合本校特色的"人才特区"实施方案，灵活应用相关政策，将国际化的先进管理理念融入人才的引进、培育以及管理等各个环节。重点引进或培养在尖端科技研发、跨学科合作以及集成化科研攻关等领域的领军人才、青年才俊和创新团队，以此推动"人才特区"建设在政策实践层面的深入探索。在此过程中，中部高校要勇于先行先试，大胆创新，即便面临失败，也应视为各级协同创新中心在体制机制创新上的必然担当与必要探索。国内已有一些高校在此方面迈出了坚实的步伐。例如，上海交通大学率先建立了海外评审制度，通过国外同行专家的认可程度来客观评价人才的学术水平，确保引进的人才具有国际竞争力。天津大学则在招聘、签约、评估、晋升、薪酬以及科研组织形式等方面全面接轨国际通行做法，使聘用程序、薪酬待遇以及学术表现均与国际标准保持一致，为吸引和留住国际化人才创造了有利条件。这些先行者的实践经验，无疑为中部高校进一步打造国际化的人才聘任、考核与评价机制提供了宝贵的借鉴。

---

① 唐景莉等：《筑巢引凤聚才智 国际协同谋创新——江南大学引进海外高层次人才推进学科建设纪实》，载《中国教育报》2012 年 4 月 2 日。

三、构建全面的人才信息库，深化意向人才追踪体系

高校应当积极利用国际学术出版物、网络平台、学术会议等多元化渠道，并结合领导出访、校友会等资源，有效发掘并锁定与学校发展高度契合的高端人才。为此，建立"人才信息库"显得尤为重要，它不仅是加强"人才特区"建设的关键举措，更是高校吸引和留住顶尖人才的基石。各学院、研究院和学科应协同行动，共同构建各自拟引进的高端人才专家库，进而形成一个从学校到基层单位，覆盖全面、纵横交错的高端人才信息网络。在这个信息时代，信息已经转变为一种极具价值的社会资源，高校需要充分发挥信息的力量，深入挖掘和利用各类人才资源。正如美国心理学家米尔格拉姆的"六度空间理论"所揭示的，人与人之间的连接其实并不遥远，高校应充分利用这一理论，广泛拓展人才搜寻的触角。华东师大就是一个很好的例子，其校领导在出访时都会积极接触和考察各领域的一流人才，同时利用校友会等资源，不断为学校引荐优秀人才。许多高校已经意识到关系网络的重要性，并开始构建动态的拟引进高端人才信息库。如清华大学通过杨振宁教授的推荐，成功引进了著名计算机专家姚期智教授，这一成功案例为清华后续的高端人才引进工作奠定了坚实基础。同样，山东大学通过与诺贝尔奖得主的合作，也进一步提升了其物理学院的科研实力。为了更有效地引进人才，高校还可以通过"人才特区"开辟引才的"绿色通道"，设立专门的工作小组负责高层次人才的审核、评价和聘任工作。同时，对意向人才建立持续的追踪机制，随时掌握他们的动态，确保能够及时发现、跟踪并引进优秀人才。此外，还应建立快速反应机制，优化人才引进流程，对特殊优秀人才采取简化评审程序、直接聘任等特事特办的措施。

四、立足本校特优学科，针对性引进高端人才

为构建核心竞争力，我们应重点依托具有显著优势的学科，特别是新兴交叉学科，进行有针对性的高端人才引进工作。这一引进过程，实际上是高校与人才之间的双向选择。利用本校的强势学科作为招聘的亮点，不仅提高了引进成功率，也确保了人才与学科的匹配度。特别是在新兴交叉学科领域，由于国内外发展水平接近，因此拥有国际平台的高校在此领域具有更大的发展潜力。以上海交通大学为例，他们成功引进了诺贝尔奖获得者蒙塔尼教授，不仅看重其研究方向的前沿性，更因为上海交通大学在生命学科、医学学科以及物理、化学等领域的快速发展，以及强大的交叉学科平台，为蒙塔尼教授的科研工作提供了强有力的支撑[①]。对于高校"人才特区"的建设而言，两类高层次人才值得特别关注：一是国际留学生人才。研究显示，留学生回流与国家经济发展密切相关，随着我国经济的持续崛起，越来越多的海外高层次人才选择回国发展。另一类则是具有巨大发展潜力的青年学术精英，特别是"70后"和"80后"，他们在新兴交叉学科领域扮演着举足轻重的角色，是引领未来学术发展的重要力量。因此，高校应加大力度，积极引进和培养这两类人才，为学校的长远发展注入新的活力。

五、深化"人才特区"保障体系建设

在构建"人才特区"的过程中，物质条件的保障无疑是基石，尤其是在诸多外部因素和内部环境尚不明朗的情况下，物质

---

① 姜泓冰：《上海交通大学聘诺贝尔奖得主吕克教授高校任教》，载《人民日报》2010 年 11 月 22 日。

条件往往成为吸引人才最为直接且有效的诱因。以香港科技大学为例，这所享有盛誉的学府在全球范围内积极推行高薪策略，以此吸引并留住顶尖人才。南方科技大学紧随其后，同样采取类似的策略，致力于在全球范围内招募高端人才。与此同时，北京航空航天大学也展现出对人才投入的高度重视，提出了"百万年薪、千万配套"的引才政策，旨在吸引和聚集一批具备世界一流学术水平的学者和专家。天津大学亦不甘示弱，其提供的薪酬水平与国际一流大学如麻省理工、加州理工等相媲美，年薪范围在40万~60万元人民币，旨在吸引更多年约35岁的海外青年学术精英加入其研究团队。这种敢于投入、勇于创新的做法，正是众多有志于跨域发展的高校所采取的关键举措。高校应当充分利用各种渠道，依托各类改革试验项目，积极主动地改善自身的外部环境，以便更好地争取国家和地方财政的高强度投入，并广泛争取社会各界的资源支持。此外，高校还需在资源配置方面下足功夫，特别是要优化财力资源配置模式，使有限的经费能够更为集中地投入到关键领域和重点项目上。同时，还应进一步明确政策扶持的导向和重点，确保对"人才特区"的建设给予高强度投入与大力度保障，从而为其持续、健康的发展提供坚实保障。

六、借政府之力助推"人才特区"蓬勃发展

在当前大学的办学环境中，政府扮演着资源配置的重要角色，掌握着绝大部分资源的调配权。若"人才特区"建设能够搭乘政府人才政策的"便车"，获得政府的全力支持，那么大学自身在资金、用房、子女教育等方面所面临的难题，都将得到迅速而有效的解决。正因如此，众多高校都积极寻求途径，充分利用政府的政策优势。以华东师范大学为例，每当从海内外引进一名高端人才时，学校都会主动与市科委、相关企业及科研院所进行对接，确保这些顶尖人才所承担的科研项目与上海的经济、社

会发展需求紧密相连，与上海调整结构、促进发展的战略大局相契合。这种精准对接不仅为华东师范大学带来了丰硕的科研成果，也为上海的发展注入了新的活力①；广东省在人才引进方面同样走在前列，他们首创由政府主导引进创新科研团队和领军人才的模式，这一举措已成为广东省吸引人才的响亮名片。南京大学则依托"江苏特聘教授计划"，成功引进了诺贝尔化学奖得主、以色列科学家阿龙·切哈诺沃教授，并让他担任化学与生物医药科学研究所所长，这一举措为南京大学乃至整个江苏省的科研实力提升注入了新的动力。

与此同时，与国家的"长江计划""千人计划""万人计划"等高端人才引进项目相呼应，各地也纷纷推出了各具特色的海外高层次人才引进计划。高校应密切关注这些人才计划的最新进展，深入研究政策，充分利用这些政策资源，与政府建立紧密的利益共享机制，从而实现人才引进与使用的最佳效果。这样，不仅能够为高校的发展提供有力的人才保障，也能够为国家和地方的经济社会发展作出更大的贡献。

---

① 王蔚：《华东师大海内外招贤，打造教学与科研创新高地——"对表"上海需求引进顶尖人才》，载《新民晚报》2010 年 4 月 3 日。

参 考 文 献

［1］中共中央、国务院：《国家中长期人才发展规划纲要（2010～2020）》，2010 年 6 月。

［2］《统筹推进世界一流大学和一流学科建设总体方案》，2015 年 11 月。

［3］马廷奇：《双一流建设与大学发展》，载《国家教育行政学院学报》2016 年第 9 期。

［4］阎凤桥：《我国高等教育"双一流"建设的制度逻辑分析》，载《中国高教研究》2016 年第 11 期。

［5］熊丙奇：《"双一流"需要一流管理》，载《中国高等教育》2016 年第 7 期。

［6］周光礼：《"双一流"建设中的学术突破——论大学学科、专业、课程一体化建设》，载《教育研究》2016 年第 5 期。

［7］任友群：《"双一流"战略下高等教育国际化的未来发展》，载《中国高等教育》2016 年第 5 期。

［8］王钱永、任丽清：《"双一流"建设视角下地方高校区域创新能力建设》，载《中国高教研究》2016 年第 10 期。

［9］蔡袁强：《"双一流"建设中我国地方高水平大学转型发展的若干思路——以浙江工业大学为例》，载《中国高教研究》2016 年第 10 期。

［10］许安国、赵冠远、沙迪：《用机制创新破解高校人才工作难题》，载《中国高等教育》2014 年第 1 期。

［11］冯航：《中部高校海外人才引进工作思考》，载《高等

教育》2011 年第 6 期。

　　[12] 胡建林、张三保、彭锦：《区位因素、制度保障与中部高校教师流失》，载《统计观察》2006 年第 10 期。

　　[13] 孙富疆：《浅谈新形势下高校人才工作软环境建设》，载《燕山大学学报》（哲学社会科学版）2007 年第 6 期。

　　[14] 张红军、黄合湘：《基于双因素理论的中部高校人才队伍建设探讨》，载《河南教育》2013 年第 2 期。

　　[15] 刘融斌：《中部地区地方高校教师流失对策探析》，载《东华理工学院学报》2007 年第 1 期。

　　[16] 周凌、周绍森：《高校最佳人力资源管理实践实证研究——以中部六省高校为例》，载《高教探索》2009 年第 2 期。

　　[17] 张组明：《人力资本理论视角下的高校人才工作机制创新》，载《郑州大学学报》2009 年第 1 期。

　　[18] 陈文博：《一流的大学要有一流的软环境》，载《国家高级教育行政学院学报》2002 年第 4 期。

　　[19] 林孟涛：《论高校民主管理实践的问题与对策》，载《福建论坛》（人文社会学科版）2009 年第 8 期。

　　[20] 张祖华：《大学文化建设的研究与实践》，载《继续教育研究》2008 年第 11 期。

　　[21] 骆腾、李建超、李巧兰：《软环境建设是高校人才工作的根本》，载《中国高等教育》2006 年第 1 期。

　　[22] 柳礼泉、胡港云：《新常态下大学文化建设的思考——基于文化自觉的视角》，载《高等教育研究》2015 年第 4 期。

　　[23] 教育部、财政部、国家发展改革委：《印发〈关于高等学校加快"双一流"建设的指导意见〉的通知》，http://www.gov.cn/xinwen/2018 - 08/27/content_5316809.htm，2018 年8 月27 日。

　　[24] 刘志军、王洪席、张红霞：《促进教师不断发展的评价体系构建》，载《清华大学教育研究》2015 年第 6 期。

［25］彭珂珊：《高校人才强校战略的思考》，载《科学新闻》2008 年第 9 期。

［26］《清华大学推进人才强校战略打造高水平师资队伍》，载《中国教育报》2011 年 11 月 15 日。

［27］《江苏将全力打造"人才特区"建立一流人才集散港》，载《现代快报》2005 年 1 月 12 日。

［28］《中关村国家自主创新示范区建设人才特区的若干意见》，载《北京日报》2011 年 3 月 21 日。

［29］张国圣：《高校"人才特区"怎么建?》，载《光明日报》2012 年 7 月 8 日。

［30］北京航空航天大学：《北京航空航天大学"人才特区"实施办法（试行）》，2011 年 11 月 29 日。

［31］南京大学：《打造"人才特区"构筑集聚创新高地》，千人计划网，http：//www. shuobozhaopin. com/News/7520111129 12129. html，2010 年 12 月 24 日。

［32］《南开大学打破教师铁饭碗　设"人才特区"鼓励创新》，载《光明日报》2012 年 12 月 14 日。

［33］H·法约尔：《工业管理与一般管理》，周安华等译，中国社会科学出版社 1982 年版。

［34］史俊斌：《西安交大"学术特区"的锋芒》，载《科技日报》2012 年 5 月 6 日。

［35］李希：《加强党管人才工作　优化人才发展环境》，载《文汇报》2012 年 9 月 17 日。

［36］苏州大学：《科研创新激发"能级跃迁"》，载《中国科学报》2012 年 10 月 10 日。

［37］《浙大开辟"学术特区"鼓励青年教师"冒尖"》，载《中国教育报》2012 年 4 月 6 日。

［38］姜泓冰：《上海交通大学聘诺贝尔奖得主吕克教授高校任教》，载《人民日报》2010 年 11 月 22 日。

[39] 唐景莉等：《筑巢引凤聚才智　国际协同谋创新——江南大学引进海外高层次人才推进学科建设纪实》，载《中国教育报》2012 年 4 月 2 日。

[40] 王蔚：《华东师大海内外招贤，打造教学与科研创新高地——"对表"上海需求引进顶尖人才》，载《新民晚报》2010 年 4 月 3 日。

[41] 钱滢璨：《如何吸引海外顶尖科学家——上海财大高等研究院建议改变优秀人才引进机制》，载《新民晚报》2009 年 12 月 16 日。

[42] 习近平：《把思想政治工作贯穿教育教学全过程　开创我国高等教育事业发展新局面》，载《人民日报》2016 年 12 月 9 日第 1 版。

[43] 李萍：《"双一流"背景下山西省地方高等院校学科建设研究》，载《教育理论与实践》2017 年第 33 期。

[44] 马涛、邓鹏图：《高等学校学科建设内涵略析》，载《高等教育研究学报》2004 年第 1 期。

[45] 薛绯、金涵：《大学内涵式发展下学科建设内容及措施研究》，载《中南林业科技大学学报》（社会科学版）2011 年第 6 期。

[46] 黄宝印、林梦泉、任超等：《努力构建中国特色国际影响的学科评估体系》，载《中国高等教育》2018 年第 1 期。

[47] 郭燕锋、潘红、姜峰：《完善学科带头人工作机制，提升省属高校学科建设水平》，载《中国成人教育》2017 年第 22 期。

[48] 邱均平、赵蓉英、马瑞敏等：《世界一流大学及学科竞争力评价的意义、理念与实践》，载《评价与管理》2007 年第 1 期。

[49] 郑文涛：《"双一流"背景下的高校交叉学科建设研究》，载《首都师范大学学报》（社会科学版）2018 年第 1 期。

[50] 翁铁慧：《加快推进"双一流"建设，努力建设高等

教育强国》，载《中国高教研究》2019 年第 11 期。

［51］瞿振元：《全面深化改革是"双一流"建设的强大动力》，载《中国高等教育》2017 年第 19 期。

［52］鲁世林、郑围尹、朱亚涛：《"一带一路"倡议下西部高校"双一流"建设战略转型研究》，载《研究生教育研究》2020 年第 6 期。

［53］叶前林、岳中心、何育林等：《"双一流"建设下我国高等教育资源配置效率研究》，载《黑龙江高教研究》2018 年第 3 期。

［54］王永杰、黄政、王振辉：《我国高等教育与区域经济发展的协调性研究》，载《西南交通大学学报》（社会科学版）2016 年第 2 期。

［55］傅为忠、赵坤：《"双一流"背景下高等教育与经济协调发展时空分异研究》，载《黑龙江高教研究》2018 年第 12 期。

［56］杨向卫、朱小芳、孙冰红：《"双一流"背景下地方行业高校特色发展实证研究》，载《中国高校科技》2020 年第 7 期。

［57］覃丽君、金晓斌、蒋宇超等：《近六百年来长江三角洲地区城镇空间与城镇体系格局演变分析》，载《地理研究》2019 年第 5 期。

［58］许学强、周一星、宁越敏：《城市地理学》，高等教育出版社 2009 年版。

［59］黄妍妮、高波、魏守华：《中国城市群空间结构分布与演变特征》，载《经济学家》2016 年第 9 期。

［60］Brakman S., Garretsen H., Van Marrewijk C., et al. The Return of Zipf: Towards a Further Understanding of Rank-size Distribution ［J］. *Journal of Regional Science*, 1999（1）.

［61］段忠勇：《基于学科，重建大学：一流学科建设高校的建设方略》，载《江苏高教》2017 年第 12 期。

［62］李洋、余克勤、季景玉等：《中国高等教育管理机制

创新：以"双一流"建设方案为视角》，载《江苏高教》2018年第 12 期。

[63] 马永红、刘润泽：《我国高校学科布局生态研究——以理工类学科为例》，载《中国高教研究》2020 年第 2 期。

[64] 袁曦临、戴琦、宋歌：《双一流大学建设规划的内在逻辑及其风险分析》，载《科研管理》2019 年第 11 期。

[65] 王永杰、黄政、王振辉：《我国高等教育与区域经济发展的协调性研究》，载《西南交通大学学报》（社会科学版）2016 年第 2 期。

[66] 陕西省发展和改革委员会：《陕西省"十三五"工业经济发展规划》，2016 年。

[67] 邬大光等：《高等教育强国的内涵、本质与基本特征》，载《中国高教研究》2010 年第 1 期。

[68] 潘静：《"双一流"建设的内涵与行动框架》，载《江苏高教》2016 年第 5 期。

[69] 陈廷柱、姜川：《阿特巴赫教授谈中国建设高等教育强国》，载《大学教育科学》2009 年第 2 期。

[70] 马健生、黄海刚：《试论高等教育强国的概念、内涵与特征》，载《国家教育行政学院学报》2009 年第 7 期。

[71] 张蒝：《学术自由与世界一流大学建设》，载《江苏高教》2016 年第 5 期。

[72] 毕宪顺、赵凤娟：《依法治教视野中的教授治学》，载《教育研究》2016 年第 10 期。

[73] 冯倬琳、刘念才：《世界一流大学国际化战略的特征分析》，载《高等教育研究》2013 年第 6 期。

[74] 别敦荣：《论办好中国的世界一流大学——学习习近平总书记在北京大学师生座谈会上讲话的体会》，载《中国高教研究》2014 年第 9 期。

[75] 张红霞：《建设世界一流大学的中国道路——近代中

国大陆著名大学经验与教训的反思》，载《通识教育学刊》2011
年第 7 期。

［76］任友群：《"双一流"战略下高等教育国际化的未来发
展》，载《中国高等教育》2016 年第 5 期。

［77］谢维和：《"双一流"建设与教育学的责任》，载《探
索与争鸣》2016 年第 7 期。

［78］康宁等：《"985 工程"转型与"双一流方案"诞生的
历史逻辑》，载《清华大学教育研究》2016 年第 5 期。

［79］马廷奇：《"双一流"建设与大学发展》，载《国家教
育行政学院学报》2016 年第 9 期。

［80］李艳：《"985""211"直接转？"双一流"建设没这
么简单》，http：//learning. sohu. com/20170222/n481356981. sht-
ml，2017 年 2 月 22 日。

［81］周光礼：《"双一流"建设的三重突破：体制、管理与
技术》，载《大学教育科学》2016 年第 4 期。

后 记

本书为全国教育科学"十三五"规划 2017 年度教育部重点课题《"双一流"建设背景下中部高校人才软环境构建研究》的最终研究成果，课题批准号为 DIA170383。创作团队共同努力，克服诸多困难，竭尽全力完成了这一成果。湖北工业职业技术学院边疆负责统筹全书的创作和指导，中南财经政法大学吕保华负责全书的创作及梳理整合，司志莲参与第二章的创作，张秋硕和刘宝林参与了第三章、第四章、第五章的创作；另外，湖北工业职业技术学院孔鹏博士及其团队参与高职部分内容的创作，中南财经政法大学公共管理学院的陈通勋同学承担了部分资料整理和图表制作工作。经济科学出版社编辑对于本书的出版给予了耐心细致的帮助，在此一并致谢！